마태가 그린
하나님의 아들
예수

마태복음의 기독론

그라티아 본문 연구 **01**

마태가 그린 하나님의 아들 예수

지은이	김 창훈
펴낸이	이 운연
초판 발행	2020년 10월 23일
초판 1쇄	2020년 10월 23일

펴낸 곳	그라티아출판사
주소	경북 경산시 와촌면 계전길8길 22-17
전화	070-7164-0191
팩스	070-7159-3838
홈페이지	cafe.daum.net/Gratia
이메일	luy4230@naver.com

디자인	(주)디자인집 02-521-1474

ⓒ 그라티아출판사 2020

값 12,500원
ISBN 979-11-87678-02-1

printed in KOREA

마태가 그린
하나님의 아들
예수

김 창훈 박사
지음

마태복음의 기독론

MATTHEW

마태복음 3:17 | 하늘로부터 소리가 있어 말씀하시되 이는 내 사랑하는 아들이요 내 기뻐하는 자라 하시니라

마태복음 27:54 | 백부장과 및 함께 예수를 지키던 자들이 지진과 그 일어난 일들을 보고 심히 두려워하여 이르되 이는 진실로 하나님의 아들이었도다 하더라

그라티아

목차

추천사   06

여행을 시작하면서   12

첫 번째 여행   18
하나님 아들의 계보와 출생(마태복음 1:1-23)

두 번째 여행   30
성부께서 하나님의 아들이 할 일을 말씀하시다(마태복음 2:15)

세 번째 여행   50
성부께서 하나님의 아들을 인정하시다(마태복음 3:13-17)

네 번째 여행   61
사탄이 하나님의 아들을 시험하다(마태복음 4:1-11)

다섯 번째 여행   74
귀신도 하나님의 아들을 알아보다(마태복음 8:28-34)

여섯 번째 여행   88
제자들이 예수님을 하나님의 아들로 고백하다(마태복음 14:22-33)

일곱 번째 여행   105
베드로가 예수님을 하나님의 아들로 고백하다(마태복음 16:13-20)

여덟 번째 여행   118

성부께서 하나님의 아들을 다시 인정하시다(마태복음 17:1-9)

아홉 번째 여행   133

대제사장이 예수님께 하나님의 아들인지 묻다(마태복음 26:57-68)

열 번째 여행   146

사람들이 십자가 위의 하나님의 아들을 시험하다(마태복음 27:40, 43)

열한 번째 여행   162

예수님을 처형한 로마 군인들이 하나님의 아들을

고백하다(마태복음 27:45-54)

열두 번째 여행   178

하나님의 아들이 삼위일체 신앙을 가르치시다(마태복음 28:16-20)

여행 정리하기   192

결론 : 마태가 그린 하나님의 아들 예수

마태복음 설교와 연구를 위한 추천도서   206

참고문헌   209

추천사

🪶 저자는 마태복음 내에서의 열 두 본문을 상세하고 깊이 있게 주석함으로, 그리스도가 어떤 분이시며 우리를 위해 무슨 일을 하셨는지에 대해 말해준다. 주석적이지만 성경을 사랑하며 부지런히 읽는 진지한 성도들이 읽기에도 부담스럽지 않으며, 각 본문에 대한 결론과 적용이 실용적이기 때문에 일선 목회자들의 설교와 교육에도 도움이 될 것이다. 특히 예수님께서 하나님의 아들이심 덕분에 하나님의 자녀가 된 그 신분을 누리려고 하는 사람들에게, 또한 자녀의 삶을 살아가려 하는 사람들에게 큰 유익을 줄 것이다. 특히 매 '여행'마다 있는 '결론'과 '적용'을 주의 깊게 연결해서 생각해 보면, 복음과 (하나님께서 어떤 분이시며 우리를 위해 무슨 일을 하셨는지) 율법 (하나님께서 우리가 어떻게 순종하기를 바라시는지)을 연결하여 삶을 살아내는데 도움이 될 것이다!

– 이 정규 목사

(시광교회 담임목사, 『새가족반』 저자)

🪶 교부 아우구스티누스는 좋은 경치를 구경하는 여행보다 말씀 속으로 떠나는 여행이 더욱 큰 즐거움을 준다고 말한 적이 있다. 이 책은 그 말이 너무나 옳다는 것을 잘 보여준다. 저자는 복음의 여행 가이드가 되어 우리를 마태복음이 그려주는 하나님의 아들 예수님

에 대한 말씀의 세계로 안내한다. 각 장마다 아주 흥미진진하여 패키지 여행을 몇 개나 모아 놓은 것 같다. 무심코 읽었던 마태복음이 이렇게 신선하고 새롭고 감동적으로 다가올 수가 없다. 교의학자로서 나는 삼위일체론이나 기독론, 성령론, 교회론, 구원론을 이렇게 마태복음 본문에서 직접 설명해내는 방식이 무척이나 인상적이었다. 설교자들이 이 책을 읽는다면 마태복음의 맛과 결을 더욱 풍미 있고 아름답게 살려내는 법을 배우게 될 것이다. 성도들에게 이 책은 예수님이 정말 하나님의 아들로서 지금 나와 우리에게 어떤 의미가 있는지 깨닫게 해 줄 것이다. 무엇보다 이 책은 우리 주 예수 그리스도께서 어떤 분이신지를 매우 아름답고 확신 있게 묘사해 준다. 이 책을 읽으면 성경도, 교리도 새롭게 보일 것이다. 예수님에 대해 더 알고 싶은 분들, 예수님을 믿고는 있으나 기쁨과 생기 없이 신앙생활 하는 모든 분들에게 적극 권한다!

- 우 병훈 교수

(고신대학교 신학과 교의학, 『기독교 윤리학』 저자)

🪶 "예수는 하나님의 아들"이라는 신앙고백이 무엇을 의미하는지를 여행하듯 편하고 흥미 있게 살펴볼 수 있는 좋은 책이 출판되었다. 이 신앙고백의 내용을 파악하기 위해 여행할 곳은 마태복음이며, 여행가이드는 오랜 동안 훈련 받은 신약학의 전문가이면서도 성경을 하나님의 말씀으로 믿고 예수를 구원자로 믿는 젊고 유능한 정통 신학자이다. 마태복음을 읽으며 하나님의 아들과 관계된 여행지에서 머물면서 김 창훈 박사의 설명을 통하여 그곳과 관계된 구약성경 본문들을 소개받으며 또한 마태복음 본문들의 구조적 연관성을

파악하게 되면서 독자들은 이 본문에 관계된 많은 정보를 쉽게 얻을 수 있을 것이다. 친절한 가이드의 정제된 설명으로 인해 여행지는 점점 흥미로워질 것이며, 이 가이드의 설명이 없었으면 이 여행지에서 결코 얻을 수 없는 정보와 함께 예수를 하나님의 아들로 믿는 신앙이 가진 의미는 점점 풍성해질 것이다. 이 가이드의 안내 덕분에 어느덧 독자들은 성경을 읽으면서 영혼의 안식을 누리는 성지 순례를 하고 있음을 깨닫게 될 것이다.

- 신 현우 교수

(총신대학교 신학과 신약학,『누가복음 어떻게 읽을 것인가』저자)

네 복음서는 예수를 '하나님의 아들'로 소개하면서도 저마다의 독특한 시각을 보인다. 마태복음을 연구하는 학자들 역시 마태가 묘사하는 '하나님의 아들'에 초점을 맞추어 연구를 진행해 왔다(예, J. D. 킹스베리). 그러나 나는 김 창훈 박사의 이번 연구처럼 '하나님의 아들'이 마태가 묘사하는 기독론의 핵심이라는 사실을 종합적이고 설득력 있게 다룬 마태복음 연구 성과를 본 적이 없다. 특히 저자는 내러티브 접근의 원리에 따라 '하나님의 아들'을 사용하고 의도한 내레이터의 플롯을 중심으로 마태복음을 처음부터 끝까지 읽음으로써 이 칭호의 의미가 시작되고 발전되고 결론에 이르는 과정을 추적한다. 저자는 이런 접근을 마태의 이야기를 드라마 구조로 읽는 것으로 규정한다. 흥미롭게도, 저자는 가장 유대적인 마태복음에서 '하나님의 아들' 칭호가 사용된 열두 본문을 관련 본문들과 대화하고(내본문적 접근) 구약과 소통함으로써(간본문적 접근) 이스라엘의 이야기가 예수의 정체를 설명하기 위해 어떻게 활용되는지 보여준다.

마태가 그린 하나님의 아들, 예수

독자들은 '하나님의 아들'이라는 시선으로 마태복음에 담긴 하나님의 극적인 드라마를 읽는 감동을 누리게 될 뿐 아니라 신약과 복음서를 연구하는 탁월한 방법론을 배우게 될 것이다.

- 강 대훈 교수

(개신대학원대학교 신약학, 『마태복음 주석』 저자)

저자는 마태복음에서 가장 중요한 기독론 칭호인 '하나님의 아들'을 구약 간본문의 빛에서 탐구한다. 그리고 그 칭호를 사용하는 마태복음의 12개 내러티브 간의 관련성도 적절히 밝힌다. 이를 위해 저자는 마태가 고기독론 칭호인 '하나님의 아들'을 설명하는 방식과 의미를 간명한 석의를 통해 드러내고 적용을 제공한다. 하나님의 아들이신 예수님에 대한 탐구가 아니라 확실치 않은 공동체에 대한 추정에 빠져 있는 오늘날 복음서 연구의 경향에 유익한 교정이 될 줄 믿고, 독자에게 이 책을 추천한다.

- 송 영목 교수

(고신대학교 신학과 신약학, 『요한계시록과 구약의 대화』 저자)

마태복음 여행을 앞둔 독자들에게 김 창훈 박사가 로마 여행 경험과 관련해 남긴 말이 기억에 남습니다. 자유 여행과 가이드 여행은 분명 둘 다 나름의 장단점이 있고 나름의 재미가 있을 것입니다. 그러나 마태복음의 기독론에 대한 큰 그림을 가지고 홀로 자유 여행을 떠날 수 있게 되기까지는, 단연 자유 여행보다는 김 창훈 박사의 가이드를 받는 것이 최선이라고 믿습니다. 그러면 저자의 가이드를 받은 열두 곳 여행지가 새롭게 눈에 들어올 것이고, 더 나아가 세상에 오신 우리의 왕, 우리의 구원자 예수님을 더욱 잘 알게 되어, 장차 우리의 눈이 그분을 뵈올 때, 그분이 결코 낯설지 않는 복을 누릴 것입니다.

- 정 근두 목사

(에스라성경대학원대학교 총장, 울산교회 원로목사)

사역 일선에서 물러나 요즘 누리는 가장 큰 기쁨은, 성경과 신학서적을 이전보다 더 많이 읽으면서, 하나님을 그리고 하나님의 계획을 좀 더 깊이 알게 되는 것입니다. 이 지식이 엄청난 기쁨을 공급해 주어, 빨리 은퇴하기를 잘했다는 생각이 들 정도로 감사하며 살고 있습니다. 차제에 김 창훈 박사가 예수님을 좀 더 잘 이해할 수 있도록 우리에게 도움이 되는 책을 내었다니 참 감사하지 않을 수 없습니다. 신진 학자들이, 새로운 관점에서 들려주는 예수님 얘기를 읽는 것은 우리 모두에게 큰 복이 틀림없습니다. 김 박사는 학자로서, 목회자로서 신실하게 자신의 길을 걸어온 사람임을 알기 때문에 이 책에 거는 기대가 더 큽니다.

저자는 우리를 위해서 여행 가이드의 역할을 하겠다고 합니다. 그의 안내를 따라서, 저도, 여러분도, 하나님의 아들이신 예수님이 얼마나 크신 분이며, 얼마나 귀하신 분인지 그리고 그분이 우리를 위해 가지고 계시는 계획이 얼마나 감사한지 더 알게 되기를 기대합니다. 예수님을 더 알아가는 기쁨이야말로 우리가 이 세상에서 얻을 수 있는 가장 큰 기쁨이며, 우리 삶의 원동력이 될 것입니다.

- 박 은조 목사

(글로벌문도하우스 원장, 은혜샘물교회 은퇴 목사)

마태가 예수님을 직접 따라 다니며 배우고 꿈꾸었던 하나님 나라는 어떤 모습일까? 마태가 제자도의 여정 속에서 자신의 마음에 가장 깊이 새겨놓은 예수님은 어떤 분이실까? 기독교에 처음 입문하는 사람이든, 하나님 나라에 관해 설교와 강연을 하고 글을 쓰는 사람이든 언젠가 한 번쯤은 붙잡고 씨름해 보아야 하는 질문일 것이다. 마태복음이 신약성경에서도, 네 개의 복음서 중에서도 첫 번째로 읽게 될 확률이 많은 책이기 때문에, 이 질문에 대한 대답에 따라 각자의 성경 읽기와 복음에 대한 이해의 과정 역시 다르게 전개될 가능성이 많다.

이 책은 이 중요한 질문에 대해서 저자 자신이 11년 간 신학 유학생활을 하면서 직접 씨름한 결과물이다. 이 씨름은 단순히 도서관 책상머리에서만 이루어진 것이 아니다. 나는 저자가 대학교에 갓 입학했을 때부터 유학을 마치고 돌아와 목회 현장에서 성도들과 함께 울고 함께 웃는 모습을 내내 지켜보았다. 이 책은 저자가 공부와 목회, 그리고 삶 속에서 씨름하면서 배우고 꿈꾸었던 하나님 나라의 모습이 담겨 있고, 자신의 마음에 먼저 깊이 새겨놓은 예수님의 모습이 그려져 있다. 이 책을 읽는 모든 분들에게도 같은 종류의 그림 그리기가 가능하리라 믿는다. '하나님의 아들'께서 모두를 만나 주시기를!

– 김 석홍 목사

(향상교회 담임목사)

여행을 시작하면서

여행 가이드

필자는 예전에 로마를 여행한 적이 있다. 고대 로마제국의 무수한 유산을 품은 도시 로마를 며칠 안에 둘러본다는 것은 쉬운 일이 아니었다. 여행은 이렇게 진행됐다. 며칠은 자유 여행을 했다. 사전에 짜둔 계획대로 혼자 이곳저곳을 다녀보았다. 그리고 며칠은 여행사가 정한 노선대로 관광을 했다. 가이드가 안내하는 '가이드 여행'이었다. 둘 다 나름의 장단점이 있고 나름의 재미가 있었다. 하지만, 처음 로마를 간다면 가이드를 따라다녀 보는 것이 나중에 자유 여행에 도움이 되겠다는 생각은 명확하게 들었다.

마태복음 여행 가이드

이 책의 목적은 '마태복음'이라는 매력적이고 신비로운 장소를 둘러보는 가이드 여행을 제공하는 것이다. 그리고 이 여행의 테마는 '마태복음의 기독론'이다. 마태복음이 어떤 책인가? 마태복음은 예수님의 출생부터 시작하여 예수님의 행하심과 가르치심을 다루고 예수님의 고난과 죽으심과 부활을 담은 책이다. 마태는 예수님이 이 땅에 오셔서 행하신 일들의 의미를 보여주고, 예수님이 어떠한 분이신지를 나타내기 위해 예수님에 대한 다양한 기독론 칭호들 혹은 기독론 주제들을 사용한다. 마태복음에서 우리가 찾아볼 수 있는 칭호들과 주제들은 하나님의 아들, 사람의 아들(인자), 주(主), 메시아(그리스도), 다윗의 자손, 아브라함의 자손, 이스라엘의 왕, 유대인의 왕, 선지자, 랍비-선생, 종, 왕, 목자, 임마누엘, 새로운 모세, 새로운 이스라엘 등이 있다. 마태복음에는 예수님을 가리키는 기독론 칭호가 이렇게나 많이 있기에 필자는 마태복음에 '칭호 부자'라는 별명을 붙이기도 했다. 마태복음에 이렇게 많은 기독론 칭호가 등장하는데, 학자들은 이것들 가운데 가장 중심적인 기독론 칭호가 무엇인지에 대해 많은 의견을 나누었다. 그리고 그 결과 다양한 조합의 다양한 주장이 제기 되었는데, 학자들 사이에 많은 지지를 받은 칭호들은 다윗의 자손(the Son of David), 주(Lord), 인자(the Son of Man), 하나님의 아들(the Son of God), 메시아(그리스도)였다.[01]

이 여행의 정점

필자는 마태복음의 기독론을 중심으로 한 박사 논문을 작성하며 마태복음 원문과 여러 학자들의 글을 읽고 연구한 결과 '하나님의 아들' 칭호가 마태복음에서 가장 중심적인 기독론 칭호라고 결론 내렸다. 가장 중요한 이유는 다른 칭호들과 달리 '하나님의 아들' 칭호는 예수님 생애의 중요한 사건마다 어김없이 등장하여 예수님이 어떤 분이신지를 보여주기 때문이다. 마태는 '하나님의 아들'이라는 칭호를 유년기, 예수님의 세례, 예수님의 광야 시험, 예수님의 축귀(귀신을 쫓아내심), 예수님의 초자연적 기적, 베드로의 신앙고백, 예수님의 변화 사건, 예수님의 산헤드린 재판, 십자가에 달리신 예수님에

---

01 Jack D. Kingsbury, *Matthew: Structure, Christology, Kingdom* (Minneapolis: Fortress, 1975), 41-42 은 마태복음의 중심적인 기독론 칭호에 대한 논의를 소개한다. G. 보른캄은 '다윗의 자손', '하나님의 아들', '주(主)', '인자(人子)'를 함께 중심적 칭호로 보았다. R. 험멜은 '다윗의 자손'을 지상에서의 예수님께 최우선적인 칭호로 이해했다. G. 스트렉커는 '다윗의 자손'과 '주'를 가장 중심적으로 파악했다. W. 트릴링은 '주'를 마태복음의 중심 칭호라 주장했다. H. 프랑크묄레는 '인자'를, R. 워커는 '메시아' 를 마태복음에서 가장 중요한 칭호로서 제시한다.

대한 사람들의 조롱, 로마 군인의 신앙고백, 예수님의 대위임령에 등장시킨다. 마태복음에서 다른 칭호들은 이렇게 중요한 사건마다 광범위하게 등장하지 않는다. 따라서 우리는 '하나님의 아들' 칭호를 마태복음의 중심적인 칭호라고 단언할 수 있다.

중심에서 주변으로

그런데 한 가지 질문이 생긴다. 마태복음에서 예수님을 묘사하는 중심적 기독론 칭호를 파악하는 것이 왜 중요한가? 물론 우리는 예수님의 성품과 사역을 이해하는 데 있어 마태가 사용한 모든 기독론 칭호들을 살피고 연구할 필요가 있다. '하나님의 아들'만 아니라, '인자(人子)'나 '다윗의 자손' 같은 기독론 칭호들도 예수님의 성품과 사역에 대해 중요한 정보들을 제공한다. 뿐만 아니라 '새로운 모세'나 '새로운 이스라엘' 같은 기독론 주제들도 마찬가지다. 하지만 우리는 마태가 가장 선호하고 강조하는 중심이 되는 기독론 칭호를 파악함으로써, 예수님의 여러 모습 가운데 마태가 강조하려는 면을 알 수 있고, 그 강조점들을 통해 마태가 그리려는 예수님의 초상화를 구성하는 여러 선들과 색들 중에 굵은 선과 지배적인 색을 파악해낼 수 있다. 그리하여 그 굵은 선에서 세밀한 선들로 시선을 이동할 수 있고, 지배적인 색에서 다양한 보조적 색깔들의 변주로 시야를 확장해 갈 수 있다.

따라서 우리는 '하나님의 아들'이라는 굵은 선과 지배적인 색에서 시작하여 마태가 그린 예수님의 초상화를 이해하려고 한다. '하나님의 아들' 칭호가 등장하는 마태복음의 구절들을 살펴봄으로써 마태의 기독론을 탐구할 것이다. 이 탐구를 통해 우리는 구약이 오실 이스라엘의 구원자에 대해 내다 본 구절들의 의미를 '하나님의 아들'

칭호를 통해 마태가 어떻게 새롭게 해석해내는지를 보게 될 것이다. 이를 간본문적 해석, 혹은 모형론이라 부른다. 또한 '하나님의 아들' 칭호를 포함하는 마태복음 구절들 사이의 상호 연관성을 탐구하고자 한다. 내본문적 해석을 시도한다는 말이다. 이렇게 함으로써 '하나님의 아들' 칭호 안에 다양한 기독론 칭호들의 의미들을 어떻게 통합하는지를 찾아내려 한다.

열두 여행지

'하나님의 아들'의 의미를 발견하기 위한 열두 여행지의 이름들과 여행지를 속속들이 알기 위해 마음속에 담아 두어야 할 질문들은 다음과 같다.

1. 하나님 아들의 계보와 출생(마 1:1-23)
   - 왜 예수님은 다윗의 자손이자 아브라함의 자손이자 임마누엘로 이 땅에 오셨는가?
2. 성부께서 하나님의 아들을 묘사하시다(마 2:15)
   - 어떻게 아기 예수님의 애굽행이 호세아 2:15의 성취인가?
3. 성부께서 하나님의 아들을 인정하시다(마 3:13-17)
   - 죄 없는 예수께서 왜 세례를 받으셨는가?
4. 사탄이 하나님의 아들을 시험하다(마 4:1-11)
   - 왜 사탄은 예수님의 '하나님의 아들 되심'을 공격했는가?
5. 귀신도 하나님의 아들을 알아보다(마 8:28-34)
   - 악한 영들은 예수님이 '하나님의 아들'이심을 알았으므로 그들도 구원을 받을 수 있는 것인가?
6. 제자들이 하나님의 아들을 고백하다(마 14:22-33)

- 예수님이 바다 위를 걸어 오셔서 "나다"라고 말씀하신 이유는 무엇인가?

7. 베드로가 하나님의 아들을 고백하다(마 16:13-20)
  - 베드로의 신앙고백은 호세아 1:10과 어떻게 연관되는가?

8. 성부께서 하나님의 아들을 다시 인정하시다(마 17:1-9)
  - 변화 사건과 십자가 처형 장면은 무슨 관계인가?

9. 대제사장이 예수께 하나님의 아들인지 묻다(마 26:57-68)
  - 대제사장이 예수님의 대답에 옷을 찢으며 신성모독이라 한 이유는 무엇인가?

10. 사람들이 십자가 위의 하나님의 아들을 시험하다(마 27:40, 43)
  - 십자가에 달리신 예수님께 사람들이 '하나님의 아들'이심에 대해 공격한 이유는 무엇인가?

11. 예수님을 처형한 로마 군인이 하나님의 아들을 고백하다(마 27:45-54)
  - "예수님의 부활 후에"(마 27:53)라는 문구는 예수님의 죽음 장면에서 어떤 역할을 하는가?

12. 하나님의 아들이 삼위일체 신앙을 가르치시다(마 28:16-20)
  - 삼위일체 하나님의 이름으로 세례를 주라는 말씀과 임마누엘 약속이 보여주는 예수님은 어떤 분이신가?

자, 이제 우리는 마태복음의 '하나님의 아들' 기독론을 찾아내기 위한 여행을 떠난다. 마태복음의 기독론이라는 주제로 마태복음을 여행해 본 분은 많지 않으리라 생각한다. 그러기에 처음 이 여행을 떠나는 분들을 위한 가이드 여행을 내놓는다. 바라기는 이 책이 그런 분들에게 마태복음의 기독론에 대한 큰 그림을 갖게 해주기를 바란다. 그래서 이후에는 그 그림을 가지고 홀로 자유 여행을 떠날 수 있는 자신감을 갖는다면 여행 가이드로서 큰 기쁨을 느낄 것이다. 무엇보다도 필자와 함께 열두 곳의 여행지를 방문한 독자들로부터, 이 여행 덕분에 예수님에 대한 지식과 사랑이 더 자라났다는 후기(後記)를 들을 수 있다면 이 책을 쓴 최고의 보람을 느낄 것 같다.

감사를 전하며

　필자가 감사드려야 할 분들이 있다. 개혁 신앙을 추구하는 월간지 「re」에 글을 기고할 수 있도록 초청해주시고, 이 책을 출판해주신 이 운연 목사님께 감사드린다. 매월 말일 며칠 전, 원고 마감을 알리는 이 목사님의 연락이 없었다면 이 책의 글들은 나올 수 없었을 것이다. 고려신학대학원에서 신약총론, 사본학, 해석학, 성경주해 등의 과목을 통해 저를 신약학의 길로 인도해주신 변 종길, 길 성남 교수님께 감사드린다. 그리고 마태복음의 기독론으로 박사 논문을 쓸 수 있도록 격려해주시고 지도해주신 故 그랜트 R. 오스본 교수님께 감사드린다. 교수님! 새 하늘과 새 땅에서 다시 뵙겠습니다. 또한 2006년 봄 필자를 '희년기념 해외유학장학생'으로 선발해주셔서 11년간의 유학을 가능케 해주신 울산교회 성도님들과 정 근두 원로목사님께 감사드린다. 이 책은 2년의 석사과정, 9년의 박사과정 기간 동안 옆에서 인내하며 도와주며 격려해준 나의 반쪽 양 현주에게 바친다. 사랑하고 감사하오!

용인시 상하동 어정(御井, 왕의 우물)에서

나의 왕 예수께 바쳐진 냉수 같은 이가 되고 싶은,

김 창훈

첫 번째 여행

하나님 아들의 계보와 출생

마태복음 1:1-23

하나님 아들의 계보와 출생

보라 처녀가 잉태하여 아들을 낳을 것이요 그의 이름은 임마누엘이라 하리라
하셨으니 이를 번역한즉 하나님이 우리와 함께 계시다 함이라
[마태복음 1:23]

1. '하나님의 아들'을 내포하는 단락

마태복음 1:1-23은 예수님의 계보와 출생에 대한 이야기를 담고
있다. 그런데 이 단락에는 '하나님의 아들'이라는 문구가 직접적으로
등장하지는 않으므로 많은 사람들이 '하나님의 아들' 연구에서 이 단
락을 놓치곤 한다. 그러나 이 단락 안에는 '하나님의 아들'의 개념이
내포되어 있어서, 다른 구절들 못지않게 예수께서 하나님의 아들이
시라는 의미를 효과적으로 보여주고 있다. 마태가 복음서의 문을 여
는 이 구절이 어떻게 예수님을 '하나님의 아들'로 그리고 있는지를
함께 탐구해보도록 하자.

2. 아브라함의 자손, 다윗의 자손, 이스라엘의 해방자

마태는 그의 복음서를 예수님의 계보로 시작하면서, 이 계보에서 예수님을 다윗의 자손(υἱοῦ Δαυίδ)과 아브라함의 자손(υἱοῦ Ἀβραάμ)으로 소개한다.[01] 이스라엘의 여러 왕들과 족장들 가운데 이 둘을 선택한 이유는 하나님께서 이 두 사람에게 하신 약속이 예수님 안에서, 예수님을 통하여(in and through Jesus) 성취되었기 때문이다.

"아브라함의 자손"(1:1)은 아브라함 언약을 떠올리게 한다(창 12:2-3; 22:17-18). 하나님은 아브라함에게 "땅의 모든 민족(πᾶσαι αἱ φυλαὶ τῆς γῆς)이 너를 통해 복을 받을 것이다"(창 12:3)라고 약속하셨다. 아브라함 자신도 따지고 보면 하나님을 알지 못하는 이방인으로 태어났고 양육 받았다. 하지만 그는 언약 백성의 시조가 되며, 모든 족속을 향한 복이 되리라는 약속을 받았다. 따라서 마태는 계보에서 예수께서 '아브라함의 자손'이심을 보여줌으로써 모든 (이방) 민족을 제자 삼으라는 최후의 명령(28:19-20)을 암시하고 있다.[02]

또한 "다윗의 자손"(1:1)은 14대씩 세 묶음으로 구성된 계보와 함께 다윗의 혈통으로 오신 예수님의 정체성을 강조한다. 왜 14대인가? 다윗의 이름을 이루는 히브리어 알파벳이 가진 숫자값의 합(דוד; DVD; 달렛+바브+달렛=4+6+4=14)이 14이기 때문이다.[03] 계보에 많

---

01 개역개정판의 "아브라함과 다윗의 자손"보다 "다윗의 자손이며 아브라함의 자손"이라고 번역하는 것이 원문에 충실한 번역이다.

02 Adela Yarbro Collins and John J. Collins, *King and Messiah as Son of God: Divine, Human, and Angelic Messianic Figures in Biblical and Related Literature* (Grand Rapids: Eerdmans, 2008), 135.

03 알렙=1, 베트=2, 기멜=3, 달렛=4, 헤=5, 바브=6, … 이런 식으로 히브리어 알파벳에 값을 매겨 계산한다. Craig L. Blomberg, *Matthew*, NAC 22 (Nashville: B&H, 1992), 53 Leon Morris, *The Gospel According to Matthew*, PNTC (Grand Rapids: Eerdmans, 1992), 23.

은 왕들의 이름이 나오지만 실제로 "왕"이라는 칭호는 다윗에게만 붙었다는 사실(τὸν Δαυὶδ τὸν βασιλέα)도 예수님을 사무엘하 7장에서 약속된 다윗의 자손("네 씨", 삼하 7:12)으로 보지 않을 수 없게 만든다.[04] 다윗의 자손을 통해 영원한 왕위를 주시겠다는 약속은 인간을 통해서는 이루어질 수 없었기에, 하나님의 아들이신 예수 그리스도를 통해서 성취되었다. 1세기 유대인들은 때가 되면 다윗 혈통의 왕이 등장하여 이스라엘 열두 지파를 회복시킬 것이라고 기대하였다.[05] 마태는 그 기대가 예수님의 탄생을 통해 성취되기 시작했다고 말하고 있다.

따라서 예수님을 다윗과 아브라함의 자손으로 그린 마태의 의도는 예수께서 다윗 언약과 아브라함 언약을 성취하여 이스라엘을 속박에서 해방시키는 '다윗의 자손', 혹은 '새로운 다윗'으로 그리고 있다. 다윗의 왕국이 멸망하고 바벨론으로 끌려갔던 이스라엘 백성이 바벨론에서 본토로 돌아 왔다. 하지만 1세기 유대인은 여전히 로마의 통치 아래 있었고, 다윗의 왕국은 아직 회복되지 않았다고 생각했다. 이러한 배경 속에서 다윗 혈통의 메시아가 나타나 이스라엘을 회복시키기를 바라는 열망이 점점 더 간절해졌다. 예수님은 그러한 시대적 상황 속에서 성육신하셨다. 이스라엘의 해방자는 반드시 다윗의 자손이어야 하는데, 흥미롭게도 마태는 천사가 요셉을 '다윗의 자손 요셉아'(Ἰωσὴφ υἱὸς Δαυίδ)라고 불렀다. 역사적으로 바벨론 포로 생활에서 백성들을 이끌고 나온 지도자들 중 스룹바벨과 느헤미야

---

04 Donald A. Hagner, *Matthew 1-13*, WBC 33A (Dallas: Word, 1998), 9; 도널드 헤그너, 『마태복음 1-13』(서울: 솔로몬, 1999). R. T. France, *The Gospel of Matthew*, NICNT (Grand Rapids: Eerdmans, 2007), 35.

05 Michael A. Knibb, "Exile in the Literature of the Intertestamental Period," *The Exile* 17 (1976): 253-72.

는 유다 지파였다. 마태는 스룹바벨을 예수님의 족보에 포함시키기는 하지만 이들에게 전혀 초점을 두지 않는다. 오직 예수님만을 궁극적이고 참되고 종말론적인 속박의 해방자로서 그린다. 나사렛 예수만이 다윗과 아브라함의 자손으로 나신 진정한 이스라엘의 해방자이시기 때문이다.

3. 초자연적으로 출생한 하나님의 아들

예수님의 계보(1:1-17)는 예수께서 다윗과 아브라함의 자손이라는 점을 강조하지만, 분명히 하나님의 아들이심도 강조하고 있다. 계보에서 모든 인물의 출생에 대해 반복적으로 '낳았다'는 능동태 동사(ἐγέννησεν)를 사용했지만, 오직 예수님에 대해서는 '출산됐다'는 수동형 동사(ἐγεννήθη)를 사용했다(1:16/ 한글 성경에는 '나시니라'로 번역). 이것은 하나님이 주체가 되신다는 의미의 신적 수동태 (divine passive)[06]로서 예수님의 출생이 계보에 나타난 다른 인물들과 달리 하나님의 직접적인 개입으로 일어난 일임을 강조한다.[07] 마태는 신적 수동태 사용을 통해 예수님께서 하늘에서 오셨다는 사실, 즉 신적 기원과 하나님의 아들이심을 강조한다.[08]

또한 마태는 마리아의 초자연적 잉태 이야기(1:18-23)를 통해서도 예수님의 신적 기원을 암시한다. 요셉의 수태고지(잉태를 알려

---

06 하나님께서 하신 일이므로 사람이 볼 때는 '수동'적으로 받는다는 의미의 문법 용어.

07 Jack Dean Kingsbury, *Matthew*: Structure, Christology, Kingdom (Minneapolis: Fortress, 1975), 43. 『마태복음서연구』(CLC)라는 제목으로 번역되어 있다 .Hagner, *Matthew 1-13*, 12.

08 동사 γεννάω는 직설법(1:16; 2:4; 19:12; 26:24; Hagner, *Matthew 1-13*, 12.) 형태로 4회, 분사(1:20; 2:1) 형태로 2회 사용되었다.

줌, annunciation) 단락에서 마태는 "성령으로 잉태된 것이 나타났다"(εὑρέθη ἐν γαστρὶ ἔχουσα ἐκ πνεύματος ἁγίου, 1:18)고 말하며, 등장인물인 천사도 "그에게 잉태된 자는 성령으로 된 것이다"(τὸ γὰρ ἐν αὐτῇ γεννηθὲν ἐκ πνεύματός ἐστιν ἁγίου, 1:20)라고 선언한다. 여기서도 마태는 "잉태된"(γεννηθὲν)이라는 γεννάω의 분사 수동태(신적 수동태)의 사용을 통해 예수께서 인간적 기원을 통해 오신 분이 아니라 신적 기원을 가진 분, 즉 하나님의 아들이심을 보여준다. 예수(Ἰησοῦς)라는 이름의 뜻이 "여호와는 구원이시다"라는 의미를 갖고 있고, 예수님의 중심 사역이 십자가를 통해 하나님의 구원을 백성에게 가져다주는 일임을 기억할 때, 예수님의 초자연적인 탄생은 그분이 하나님이 베푸시는 구원의 집행자로서 오셨음을 밝혀준다.

아브라함, 다윗을 거쳐, 요셉과 예수님으로 종결되는 계보가 마태복음의 서두를 장식하는 이유는 요셉이 "다윗의 자손"(1:20)인 것처럼, 예수님도 "다윗의 자손"(참고. 마 1:1; 9:27; 12:23; 15:22; 20:30, 31; 21:9,15; 22:42)임을 증명하기 위함이다. 따라서 예수님은 법적으로 요셉의 아들이다.[09] 하지만, 결코 마태복음에서 '요셉의 아들'로 불린 적이 없다. 단지 우회적으로 "그 목수의 아들"(ὁ τοῦ τέκτονος υἱός, 마 13:55)로 불릴 뿐이다. 마태는 예수님을 하나님의 아들로 그려내는 데 주력했다. 따라서 그는 예수님의 '하나님의 아들이심'과 '초자연적 출생'이라는 진리를 흐리게 만들 우려가 있는 '요셉의 아들'이라는 표현을 자제한다. 대신에 마태는 요셉을 예수님의 육신의 아버지가 아닌 법적인 아버지로 제시하기 위해 이름보다 직업을 사용하여 "그 목수의 아들"이라 부른다. 마태가 계보에서 "야곱

---

09 Hagner, *Matthew 1-13*, 12.

마태가 그린 하나님의 아들, 예수

은 요셉을 낳고"라고 하지 않고 "마리아의 남편 요셉"(τὸν Ἰωσὴφ τὸν ἄνδρα Μαρίας, 마 1:16)이라고 부르며, "그녀[=마리아]에게서"(ἐξ ἧς, 마 1:16) 예수께서 태어나셨다고 함으로써 마리아를 요셉과 예수 사이에 계속 두는 것도 동일한 이유일 것이다. 마태는 예수님을 '하나님의 아들'로 그리는 목표를 늘 마음에 두고 있기에 예수님과 요셉 사이의 거리는 넓히고, 예수님과 하나님 사이의 거리는 좁힌다. 마태가 예수님의 탄생을 창세기 3:15의 "여자의 후손"에 대한 하나님의 약속의 성취로 보기 때문에 요셉이 아닌 마리아로부터의 탄생을 강조했을 수도 있다.

4. 임마누엘

마태는 이사야 7:14을 인용하여 예수님께 '임마누엘(Ἐμμανουήλ)'이라는 칭호를 부여한다. 임마누엘은 실생활에서 예수님께 쓰인 이름이 아니며, 그분의 사역을 가리키는 비유적인 이름이다.[10] 마태복음 1:21은 성령으로 탄생할 분의 이름이 '예수'(Ἰησοῦς)라고 가르쳐 주며, 그가 자기 백성을 그들의 죄에서 구원할 자라고 한다. 이어서 마태는 예수의 탄생이 이사야 선지자가 예언한 '임마누엘' 즉, '하나님이 우리와 함께 계심'의 성취라고 선언한다(1:23). 이미 이 예언은 아하스 시대의 한 '젊은 여자'가 히스기야 혹은 마헬살랄하스바스를 낳았을 때에 일차적으로 성취되었다고 보아야 한다. 그런데 궁극적이고 최종적인 성취는 '처녀'인 마리아가 예수를 낳았을 때에 비

---

10 그랜트 R. 오스본, 『강해로 푸는 마태복음』 (서울: 디모데, 2015), 86.

로소 이루어진다.[11] 이사야 7:14 칠십인경[12]은 본래 "네가 그의 이름을 임마누엘이라 부르리라"(καλέσεις τὸ ὄνομα αὐτοῦ Εμμανουηλ)고 기록하나, 마태는 이것을 "그들이 그의 이름을 임마누엘이라 부르리라"(καλέσουσιν τὸ ὄνομα αὐτοῦ Ἐμμανουήλ)로 바꿔놓았다. 칠십인경에서는 태어난 아기를 임마누엘이라 부르는 주체가 '처녀'인 반면, 마태는 그 주체를 (3인칭 복수 직설법 미래 동사 καλέσουσιν 속에 내포된) '그들'로 제시한다. 이 '그들'은 누구라고 보는 것이 가장 자연스러울까? 예수가 그들의 죄에서 구원할 "자기 백성"(τὸν λαὸν αὐτοῦ)으로 보는 것이 가장 자연스럽다. 따라서 마태가 말하고자 하는 바는, 처녀가 낳은 아들이 자기 백성을 죄에서 구원할 것이며, 그 백성은 그를 임마누엘이라 부르게 되리라는 것이다. 예수님의 탄생이 "하나님의 함께 하심"의 완성이다. "예수님은 성육신을 통한 하나님의 나타남(신현[神顯], 쉐키나[Shekinah])이시며, 하나님은 예수님을 통해 다시 한 번 땅 위를 걸으신다는 뜻이다."[13] 예수님의 탄생을 통해 하나님이 자기 백성과 함께 하게 되었고, 그들의 구원이 시작되었다. 하나님은 예수님 안에서의 당신의 임재(임마누엘)를 통해 자기 백성을 구원하신다.

예수께서 "하나님이 우리와 함께 계심"으로 불릴 것이라는 천사의 선언을 예수께서 곧 하나님(ὁ θεός)이시라는 의미로 읽을 필요는 없다.[14] 하나님이 자기 백성과 함께 하시겠다는 약속이 예수님을

---

11 송병현, 『엑스포지멘터리 이사야 I』(서울: 국제제자훈련원, 2012), 276-281.

12 구약 성경(히브리어)을 신약 시대의 언어인 헬라어로 번역한 성경. 신약 성경 저자들은 구약을 인용할 때, 거의 이 칠십인경을 이용했다. -편집자

13 그랜트 R. 오스본, 『강해로 푸는 마태복음』(서울: 디모데, 2015), 86.

14 반대 의견 / J. C. Fenton, "Matthew and the Divinity of Jesus: Three Questions concerning Matthew 1:20-23," in *Studia Biblica 1978, Vol 2: Papers on Gospels*, ed. E. A. Livingstone (Sheffield: JSOT Press, 1980), 79-82. 펜톤은 마태복음 1:20의 "하나님이 우리와 함께 계심"(임마누엘)을 마태복음

통해 성취되었다는 의미로 읽는 것이 더 자연스럽다. 이것이 이사야 7:14을 인용하는 마태의 의도이다. 예수님은 신성을 가지신 하나님의 아들이시며, 하나님은 예수님 안에서, 그리고 예수님을 통해서 자기 백성과 함께 거하신다. 임마누엘이신 예수님은 아무도 '흉내 낼 수 없는 특별한' 관계를 성부와 맺고 계시므로, 마태는 분명히 여기에서 예수님의 신성을 암시한다.[15] 마태는 '예수'와 '임마누엘'이라는 두 칭호를 가지고 예수께서 신적인 하나님의 아들이심을 보여주는 동시에 자기 백성을 해방하고 구원하기 위해 하나님이 임재하시는 유일한 통로임을 나타낸다.

5. 결론: 이스라엘을 해방시키는 하나님의 아들 예수님

마태가 '하나님의 아들'을 그의 복음서 전반에서 가장 중요하고 중심적인 예수님의 칭호로 부각시키려는 의도는 마태복음의 도입부인 계보(1:1-17)와 탄생 이야기(1:18-25)에서부터 드러난다. 물론 '하나님의 아들' 칭호의 명시적인 첫 등장은 마태복음 2:15이지만, 본격적인 '하나님의 아들'의 등장을 준비하기 위해 예수님의 다윗 혈통(새로운 다윗), 예수님의 메시아이심, 초자연적 출생, 이스라엘(과 열방)의 구원자 됨과 임마누엘의 주제를 슬쩍 깔아두고 있다. 결국

28:20의 "내가 너와 항상 함께 하겠다"는 말씀과 연관해서 이해해야 하며, 그 결과로 마태가 "하나님이 우리와 함께 계심"(Μεθ᾽ ἡμῶν ὁ θεός)보다는 "하나님"(ὁ θεός)을 예수님의 칭호로 제시한다고 주장한다. 하지만 마태복음 1:23과 주변 문맥은 예수님을 이사야 7:14이 말하는 하나님 자신으로 제시하기보다는 신성을 가진 하나님의 아들이며 하나님의 임재를 실현시키는 분으로 제시한다.

15 Thomas R. Schreiner, *New Testament Theology: Magnifying God in Christ* (Grand Rapids: Baker, 2008), 238. 이 책도 번역되어 있다. 토마스 R. 슈라이너, 『신약신학』(서울: 부흥과개혁사, 2015). Craig L. Blomberg, *Matthew*, NAC 22 (Nashville: B&H, 1992), 61

은 이 주제들이 종합하여 예수께서 신적인 하나님의 아들이시며, 하나님의 구원의 유일한 방법이심을 나타낸다. 예수님의 오심이 하나님의 오심이며, 예수님의 구원이 하나님의 구원이다. 이제 마태는 마태복음 2:15에서 예수께서 이스라엘의 구원자이시며 하나님의 아들이심을 호세아 11:1에 나타난 '새로운 모세' 주제를 인용하여 제시할 것이다.

6. 적용

이사야를 통해 선포된 다윗 혈통의 메시아 약속은 약 700년이 지난 후에야 예수님의 탄생을 통해 온전히 성취되었다. 사실 예수님의 탄생은 여자의 후손이 나타나 뱀의 후손의 머리를 상하게 하리라는 하나님의 약속(창 3:15)의 성취이기도 하다. 아브라함과 그의 자손이 열방을 향한 복의 근원이 되게 하시겠다는 약속도 예수님의 사역을 통해 성취되기 시작했고, 교회의 열방 선교를 통해 지금도 계속해서 성취되고 있다. 다윗에게 약속하신 영원한 이스라엘 왕국도 예수님의 인격과 사역을 통해 세워진 하나님의 왕국 안에서 성취되었다.

하나님은 미쁘시다(고전 1:9; 10:13; 고후 1:18; 살전 5:24; 살후 3:3; 요일 1:9). 하나님은 하나님의 때에 하나님의 방법으로 반드시 약속하신 바를 이루신다. 하나님은 주의 종들에게 약속을 지키시고 은혜를 베푸시는 분이시다(대하 6:14). 신약시대에는 하나님의 아들을 보내셔서 약속을 성취하셨고, 오늘날에는 성령님을 보내셔서 약속을 이루신다. 우리가 약속에 신실하신 하나님을 붙들어야만, 무슨 일이 일어날 때마다 그것에 휘둘려 일희일비하지 않게 된다. 신구약성경에

마태가 그린 하나님의 아들, 예수

나타난 삼위 하나님께서 약속의 성취에 얼마나 신실하신 지를 바라보며, 두려움이 아닌 평안 속에 거하도록 하자. 또한 우리도 하나님께 드린 약속에 신실하여 주님께 기쁨이 되는 삶을 살도록 하자.

두 번째 여행

성부께서
하나님의 아들이 할 일을 말씀하시다

마태복음 2:15

성부께서 하나님의 아들이 할 일을 말씀하시다

애굽으로부터 내 아들을 불렀다
[마태복음 2:15]

1. "내가 애굽으로부터 내 아들을 불렀다"

우리 성경에 '박사들'이라고 되어 있는 현자들(賢者, μάγοι)이 동방에서 별을 보고 '유대인의 왕'을 경배하기 위해 이스라엘 땅을 방문했다. 그 왕에 대해 더 자세한 정보를 얻기 위해 헤롯 대왕을 찾아 갔다. 별이 '유대인의 왕'의 탄생을 나타내는 것이 맞다면 그 아기는 왕궁이나 왕궁 가까운 곳에서 태어날 것이라 이 현자들은 생각했던 모양이다.

현자들은 우여곡절 끝에 아기 예수를 찾아 경배하였고, 천사들이 꿈에 나타나 헤롯 대왕에게 돌아가지 말라 지시한다. 결국 헤롯을 만나지 않고 고국으로 돌아갔다. 하지만 헤롯 대왕은 현자들에게 들은

'유대인의 왕의 탄생'을 그냥 넘어갈 수 없었다. 그는 박사들로부터 들은 지식에 근거하여 두 살 이하인 베들레헴의 사내아이들을 다 죽이라 명하였다. 그러나 천사의 도움으로 요셉은 이미 아기 예수와 마리아를 데리고 애굽으로 도피한 후였다.

마태는 아기 예수의 이 애굽행 도피가 우연한 일이 아니며, 하나님께서 호세아 11:1에서 하신 예언이 이 일을 통해 성취되었다고 쓴다. 어떻게 약 750년 전 호세아의 예언이 아기 예수의 애굽 도피를 통해 성취되었다고 볼 수 있을까? 좀 더 구체적으로 묻자면, 어떻게 아기 예수가 애굽으로 '들어간' 사건 안에서 "내가(하나님께서) '애굽으로부터' 내 아들을 불러냈다"는 말씀의 성취로 볼 수 있는가?

2. 마태복음 2:15과 호세아 11:1 두 본문 비교

호세아 11:1의 칠십인경(LXX)은 마태복음 2:15과 헬라어로는 다소 차이가 있지만 의미상 차이는 거의 없다. 칠십인경 본문은 "내가 애굽으로부터 그의 자녀들을 불렀다"로 기록한다. 마태는 호세아 11:1의 '불렀다'를 의미하는 '메테칼레사'(μετεκάλεσα)를 '에칼레사'(ἐκάλεσα)라는 유의어로 표현했다. 호세아 11:1의 '그의 자녀들'(τὰ τέκνα αὐτοῦ), 즉 '이스라엘의 자녀들'은 '나의 아들'(τὸν υἱόν μου)로 바꾸어 표현했다.

호세아 11:1(MT) וּמִמִּצְרַיִם קָרָאתִי לִבְנִי
(내가 애굽으로부터 내 아들을 불렀다.)

호세아 11:1(LXX)　 ἐξ Αἰγύπτου μετεκάλεσα τὰ τέκνα αὐτοῦ

(내가 애굽으로부터 그의 자녀들을 불렀다.)

마태복음 2:15　 ἐξ Αἰγύπτου ἐκάλεσα τὸν υἱόν μου

(내가 애굽으로부터 내 아들을 불렀다.)

학자들은 마태가 칠십인경을 그대로 가져오지 않고 호세아 11:1의 히브리어 본문을 참고하여 사용했을 것으로 본다.[01] 마소라 히브리어 본문은 "내가 애굽으로부터 내 아들을 불렀다"라고 기록한다. 칠십인경 호세아 11:1의 '그'가 이스라엘을 가리키는 집합적 단수이고, 구약성경 전반에서 이스라엘이 '하나님의 아들'로 표현된 것을 기억한다면,[02] 칠십인경의 '그의 자녀들'과 히브리어 본문의 '내 아들'은 둘 다 일차적으로 이스라엘 백성들을 가리키며 의미 차이가 없다고 말할 수 있다.

3. 호세아의 논리를 따른 마태의 호세아 11:1 해석

호세아 11:1의 칠십인경이든 히브리어 본문이든, 거기서 뜻하는 '내 아들' 혹은 '그의 자녀들'은 일차적으로 메시아가 아니라 이스라엘을 가리킨다. 이스라엘은 하나님께 신실하지 못하고 배신했지만 하나님은 이스라엘을 여전히 '내 아들'이라고 부르시며 언약백성에

---

01 Donald A. Hagner, *Matthew 1-13*, WBC 33A (Dallas: Word, 1998), 36.

02 예를 들어, 출애굽기 4:22(너는 바로에게 이르기를 여호와의 말씀에 이스라엘은 내 아들 내 장자라).

대한 변치 않는 사랑을 보여주신다.[03] 마태는 이스라엘을 향한 하나님의 사랑이 나타난 호세아 11:1을 인용하면서 하나님께서 예수님을 향해 품으신 구속사적 계획이 어떻게 펼쳐질 지를 보여준다.

일견 마태의 독법은 호세아 11:1을 확대 해석하지 않았나 하는 생각이 든다. 호세아 11:1 자체는 이스라엘을 애굽 밖으로 불러낸 출애굽 사건을 염두에 두고 있는 반면, 마태복음 2:15에서 예수님은 애굽으로 들어가시고 있기 때문이다. 하지만 우리는 마태복음 2:15이 말하는 호세아 11:1의 성취를 마태복음 2:13-23의 맥락 안에서 봐야 한다. 요셉이 아기 예수님과 마리아를 데리고 애굽으로 들어간 일(2:13)부터 애굽을 떠나 나사렛으로 돌아와 정착하고 살았던 일(2:23)까지 모두를 호세아 11:1의 성취로 보아야 한다. 또한 호세아 11장과 호세아 전체 문맥은 미래에 하나님의 아들 이스라엘이 애굽으로 돌아올 것이며(호 7:11, 16b; 8:13b; 9:3, 6; 11:5), 또 다른 애굽 탈출이 있을 것을 내다보고 있다(호 1:11; 11:11).[04] '하나님의 아들'로 불린 이스라엘의 역사를 후에 '하나님의 아들'이신 예수께서 재현하셨음을 기억할 때, 호세아가 내다본 '또 다른 애굽으로의 귀환'(another return to Egypt in the future)과 뒤따르는 '또 다른 애굽으로부터의 탈출'(another exodus from Egypt in the future)이 예수님의 생애와 사역을 통해 성취되었다고 보는 것은 자연스럽다.

그러므로 마태는 2장에서 일어난 일들을 호세아 본문에 억지로

---

03 Douglas Stuart, *Hosea-Jonah*, WBC 31 (Dallas: Word, 2002), 177-78. 스튜어트는 '내가 사랑하여'라는 표현이 '신명기에 나타난 언약적 신실함'(covenantal fidelity, 6:5; 7:8, 13; 10:15; 23:6)과 긴밀히 연결된다고 주장한다.

04 D. A. Carson, "Matthew," in *The Expositor's Bible Commentary: Matthew & Mark*, Vol. 9, eds. Tremper Longman III & David E. Garland (Grand Rapids: Zondervan, 2010), 118.

끼워 맞추고 있는 것이 아니다.[05] 마태는 호세아 11:1을 호세아 11장의 문맥과 호세아서 전체의 빛 안에서 읽으며, 호세아가 갖고 있던 출애굽에 대한 논리를 가져와 사용한다. 마태는 호세아가 보지 못한 것을 보고 있다기보다 호세아가 본 것을 자신도 보고 있다.[06] 따라서 마태는 자신의 논리를 호세아에게 주입하고 있지 않다. 호세아의 논리를 사용하여 호세아 11:1을 모형론적으로, 기독론적으로 읽고 있다.

4. '새로운 출애굽'의 네 단계

마태는 어떤 사고의 과정을 거쳐서 아기 예수의 애굽 도피와 나사렛 귀환을 호세아 11:1("애굽에서 내 아들을 불렀다")의 성취로 보았을까? 마태가 호세아 11:1을 모형론적[07], 기독론적으로 읽어 예수님에게 적용하기까지 마태의 두뇌 속에서 일어난 사고의 단계가 있다. 호세아가 기억하는 이스라엘의 첫 출애굽, 그리고 이스라엘의 새로운 출애굽과 구원자를 통한 새로운 출애굽, 그리고 마태가 이러한 호세아의 기대를 예수님을 통해 성취된 것으로 보는 단계가 있다. 우리는 마태복음 2:15에 나타난 '새로운 출애굽' 논리를 〈표 1〉과 같이 네 단계로 재구성해볼 수 있다.

---

05 Gregory K. Beale, "The Use of Hosea 11:1 in Matthew 2:15: One More Time," *JETS* 55 (2012): 697, 700. 본 장은 그레고리 비일의 아티클의 아이디어를 많이 참조하였다.

06 Beale, "The Use of Hosea 11:1 in Matthew 2:15," 699.

07 모형론(模型論, typology)은 유형론, 예표론이라고도 하며, 구약의 인물, 사건, 제도가 신약과 그리스도 안에서 어떻게 성취되었는지를 살핀다. 중세 시대 성경 해석의 네 가지 방법(문자적, 유비적, 모형론적, 영적) 중 하나였으며, 오늘날에도 타당한 모형론 해석은 많은 성경 연구자의 지지를 받고 있다. 실제 역사적 지시 대상이 있다는 점에 있어 상징이나 알레고리와 다르다. Stanley Grenz, David Guretzki, and Cherith Fee Nording, *Pocket Dictionary of Theological Terms* (Downers Grove, IL: InterVarsity Press, 1999), 117.

(1) 첫째 단계

- 역사적 단계: 호세아 11:1에 언급된 첫 번째 출애굽이라는 역사적 단계.

(2) 둘째 단계

- 이스라엘 모형론[08] 단계: 이스라엘의 새로운 출애굽을 기대하는 모형론 단계.

(3) 셋째 단계

- 모세 모형론[09] 단계: 새로운 모세를 통한 새로운 출애굽을 기대하는 모형론 단계.

(4) 넷째 단계

- 성취 단계: 둘째, 셋째 모형론 단계의 기대가 아기 예수의 애굽 도피 사건에서 성취된 단계.

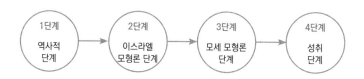

<표 1> 마태복음 2:15의 새로운 출애굽 논리를 구성하는 네 단계

마태가 아기 예수의 애굽 도피 사건을 기록하면서 이것이 호세아 11:1의 성취라고 말할 때, 그의 사고 전개에서는 이 네 단계가 존재한다고 볼 수 있다. 호세아 11:1의 가까운 문맥과 전체 문맥을 보면, 호세아는 분명히 주전 15세기에 일어난 첫 번째 출애굽 사건을 염두에 두고 다시 일어날 새로운 출애굽을 기대했다. 또한 호세아는 이

---

08 구약 이스라엘의 실패한 사명을 새로운 이스라엘이신 예수께서 맡아 성취하신다고 보는 해석이다.
09 모세의 역할을 구주이신 예수님의 역할에 대한 모형으로 보는 해석이다.

스라엘 민족의 새로운 출애굽을 기대했고, 동시에 새로운 모세라 부를 수 있는 구원자가 나타나 그 새로운 출애굽을 감행할 것으로 기대했다. 그리고 마태는 선지자 호세아의 새로운 출애굽에 대한 두 가지 기대가 아기 예수를 통해 성취된 것으로 이해했다.

하지만 아기 예수는 자신의 의지와 상관없이 아버지 요셉의 판단에 따라 애굽으로 피신하지 않았는가? 이것이 어떻게 약 750년 전 선지자 호세아의 예언의 성취일 수 있는가? 우리는 앞에서 제시한 네 단계를 자세히 살핌으로써 마태가 호세아 11:1을 새로운 출애굽으로 이해한 과정을 추적해보고자 한다.

5. 첫째 단계: 역사적 단계(historical level)

첫째 단계는 최초로 일어난 출애굽의 역사적 단계이다. 호세아 11:1은 모세의 출애굽(주전 15세기)을 회상한다. 이 역사적 단계에서 '내 아들'은 역사적 이스라엘을 가리킨다(예. 출 4:22-23).[10] '불렀다'는 동사 '에칼레사'(ἐκάλεσα)는 야웨께서 이스라엘을 인도하시고 보호하신 역사 속의 행동을 가리킨다.[11] 하나님께서 모세를 통해 이스라엘을 애굽에서 불러내신 역사적 구원사건을 염두에 두고 호세아가 미래의 출애굽을 내다본다. 이스라엘 백성이 다시 애굽 같은 바벨론으로 끌려가더라도 하나님께서 다시 출애굽시키실 것이다. 그리고 호세아가 내다본 미래의 구원의 성취를 예수님의 생애 사건에서 발견할 수 있다. 이 역사적 첫 단계는 그 다음 둘째, 셋째, 넷째 단

---

10 Duane A. Garrett, *Hosea, Joel*, NAC (Nashville: B&H, 1997), 219.

11 Stuart, *Hosea-Jonah*, 178.

마태가 그린 하나님의 아들, 예수

계로 나아가는 전제가 된다.

6. 둘째 단계: 이스라엘 모형론 단계(Israel typology level)

둘째 단계는 호세아 11:1이 이스라엘의 새로운 출애굽을 기대하는 모형론 단계이다. 이 단계에서 호세아는 이스라엘의 첫 번째 출애굽이 마지막 때의 출애굽을 모형론적으로 보여준다고 생각한다.[12] 선지자들은 종종 첫 출애굽 사건을 "하나님이 장차 성취하실 더 위대한 구원 역사에 대한 구약의 강력한 상징"으로 보았다.[13] 마찬가지로 호세아도 첫 출애굽을 "후에 이스라엘 역사에서 동일하게 반복될 역사적 패턴"으로 보았다.[14] 비일(Beale)은 마태가 호세아 11:1을 인용할 때 그 구절만을 가리키지 않고 그 구절을 둘러싼 전후 문맥과 호세아 책 전체와 심지어 같은 개념을 가진 다른 책들까지 염두에 두고 인용한다고 주장한다.[15] 따라서 마태는 호세아서 전체의 넓은 문맥 안에서 호세아가 반복해서 말하는 '이스라엘이 다시 애굽으로, 즉 바벨론으로 끌려 갈 일'(호 7:11, 16b; 8:13b; 9:3, 6)과 그 애굽으로부터의 탈출할 '새로운 출애굽'(호 1:11; 11:11)이라는 개념을 발견한다.[16] 그리고 예수님의 애굽 도피와 이스라엘로의 귀환을 이스라엘

---

[12] 참고. Gregory K. Beale, "Inaugural Lectures: The Cognitive Peripheral Vision of Biblical Authors," *WTJ* 76 (2014): 275.

[13] R. T. France, *The Gospel of Matthew*, NICNT (Grand Rapids: Eerdmans, 2007), 80-81.

[14] Beale, "The Use of Hosea 11:1 in Matthew 2:15," 705.

[15] Beale, "Inaugural Lectures," 270. 비일은 이러한 개념을 인지적 주변 시야(a cognitive peripheral vision)라는 용어로 설명한다.

[16] James Limburg, *Hosea-Micah*, Interpretation (Atlanta: WJK, 1998), 707.

이 미래에 경험할 것, 곧 호세아가 기대한 일의 성취로 이해한다.[17]

마태복음에 나타난 예수님의 모습은 많은 경우 구약 이스라엘과의 평행을 보여준다. 마태복음 2:15이 예수님을 '내 아들'이라고 부른 것은 구약 출애굽기 4:22, 예레미야 31:9에서 이스라엘을 '내 장자(맏아들)'라고 부른 것을 떠올리게 한다.

> 출애굽기 4:22 너는 바로에게 이르기를 여호와의 말씀에 이스라엘은 내 아들 내 장자라
>
> 예레미야 31:9 그들이 울며 돌아오리니 나의 인도함을 받고 간구할 때에 내가 그들을 넘어지지 아니하고 물 있는 계곡의 곧은 길로 가게 하리라 나는 이스라엘의 아버지요 에브라임은 나의 장자니라

이스라엘이 광야에서 40년간 시험을 받았듯이, 예수님도 광야에서 40일간 시험을 받으셨다(4장). 광야에서 이스라엘은 하나님께 대한 순종에 실패했지만, 광야에서 예수님은 순종에 성공하셔서 진정한 하나님의 아들이심을 보이셨다. 하나님이 산에서 모세를 통해서 이스라엘에게 법을 주셨듯이, 예수님도 산에서 새로운 이스라엘인 제자들에게 법을 주신다(5장).

따라서 예수께서 애굽으로 도피하시고(2:14-15), 애굽에서 나와 이스라엘 땅으로 돌아오신 것(2:21)은 예수께서 "이스라엘의 목적과 사명을 실현하시는 분"[18]으로서 그리고 "갱신되고 회복된 하나

---

17 Beale, "The Use of Hosea 11:1 in Matthew 2:15," 704.

18 Craig S. Keener, *The Gospel of Matthew: A Socio-Rhetorical Commentary* (Grand Rapids: Eerdmans, 2009), 109.

님의 백성의 초점 혹은 중심"[19]으로서 행하신 일이다. 둘째 단계에서 마태는 "기대했던 하나님의 백성의 구원이 예수님 안에서 시작되었다"는 사실을 알려주려 한다.[20] 아기 예수께서 애굽에 들어가셨다가 나오신 사건은 역사적 출애굽(첫째 단계)을 닮은 미래의 새로운 출애굽을 통해 하나님의 새 언약백성, 즉 새로운 이스라엘이 경험할 죄와 사망 권세에서 해방과 구원을 예고한다. 아기 예수께서 과거 이스라엘의 속박과 해방의 경험을 몸소 재현하심으로써 새로운 이스라엘의 속박과 해방이 미래에 일어날 것을 미리 보여 주신다. 마태복음 2:15의 아기 예수님의 경험을 통해 보면, 과거 이스라엘의 구원 경험은 미래의 새로운 이스라엘의 구원 경험을 미리 보여주는 모형이다. 따라서 우리는 이것을 '이스라엘 모형론'이라 부를 수 있다.

7. 셋째 단계: 모세 모형론 단계(Moses typology level)

호세아는 이스라엘의 새로운 출애굽을 기대하면서 동시에 구원자에 대한 기대도 갖고 있다. 이것이 바로 셋째 단계인 모세 모형론 단계이며, 호세아는 이 단계에서 새로운 출애굽에서 중요한 역할을 하는 모세와 같은 구원자에 주목한다. 비일은 호세아 11:10-11과 이 구절이 암시하는 민수기 23, 24장과의 연관성을 살펴볼 때, 호세아 11:10-11은 미래의 '출애굽'을 예견하는 구절일 뿐 아니라 미래에 애굽에서 이스라엘을 이끌어 낼 '사자' 같은 왕을 묘사한다고 주장한

---

19 W. D. Davies and Dale C. Allison, *Matthew 1-7*, ICC (London: T&T Clark, 1988), 263.

20 Keener, *The Gospel of Matthew*, 108.

다.[21] 게다가 출애굽기 1:10과 이사야 11:16을 끌어들인 호세아 1:11
은 장차 '살아계신 하나님의 아들들'이 '한 우두머리', 즉 한 지도자를
세운 후에 애굽 땅으로부터 올라올 것이라고 예언한다. 또한 호세아
3:5에서는 "이러한 귀환이 마지막 날에 다윗 혈통의 왕이 인도하여
이루어질 것"이라고 더 구체적으로 설명한다.[22]

> 호세아 11:10, 11 그들은 사자처럼 소리를 내시는 여호와를 따를 것이라
> 여호와께서 소리를 내시면 자손들이 서쪽에서부터 떨며 오되 그들은
> 애굽에서부터 새 같이, 앗수르에서부터 비둘기 같이 떨며 오리니 내가
> 그들을 그들의 집에 머물게 하리라 나 여호와의 말이니라
> 출애굽기 1:10 자, 우리가 그들에게 대하여 지혜롭게 하자 두렵건대 그들
> 이 더 많게 되면 전쟁이 일어날 때에 우리 대적과 합하여 우리와 싸우
> 고 이 땅에서 나갈까 하노라 하고
> 이사야 11:16 그의 남아 있는 백성 곧 앗수르에서 남은 자들을 위하여 큰
> 길이 있게 하시되 이스라엘이 애굽 땅에서 나오던 날과 같게 하시리라
> 호세아 1:11 이에 유다 자손과 이스라엘 자손이 함께 모여 한 우두머리를
> 세우고 그 땅에서부터 올라오리니 이스르엘의 날이 클 것임이로다
> 호세아 3:5 그 후에 이스라엘 자손이 돌아와서 그들의 하나님 여호와와 그
> 들의 왕 다윗을 찾고 마지막 날에는 여호와를 경외하므로 여호와와 그
> 의 은총으로 나아가리라

호세아서는 곳곳에서 장차 이스라엘이 속박을 경험할 것이며 다
윗 혈통의 메시아가 이스라엘을 그 속박으로부터 구원하리라는 기

---

21 Beale, "The Use of Hosea 11:1 in Matthew 2:15," 697, 700-703.

22 Beale, "The Use of Hosea 11:1 in Matthew 2:15," 709.

대를 내비치는데, 마태는 이스라엘에 대한 이런 기대가 예수님을 통해서 성취된다고 본다. 호세아의 메시아 기대가 출애굽기 1:10과 이사야 11:16을 배경으로 한다는 점에서 호세아 11:1을 인용한 마태복음 2:15에서 모세 모형론을 발견하는 것은 무리한 시도가 아니다.

혹자는 마태복음 2:15에서 이스라엘 모형론과 모세 모형론을 동시에 찾을 수 있다는 주장이 과도하다고 생각할지 모른다. 예를 들어 루즈(Luz)는 이스라엘 모형론은 인정하지만 모세 모형론은 찾기 어렵다고 말한다.[23] 하지만 호세아서 전체의 문맥과 끌어들인 다른 구약 본문과의 관계를 염두에 둘 때, 우리는 이스라엘 모형론뿐만 아니라 모세 모형론도 마태복음 2:15에서 찾아낼 수 있다고 본다. 앨리슨(Allison)은 "마태복음 2:15에서 새로운 출애굽 경험은 예수를 이스라엘처럼 만들고 모세처럼 만든다. 마태복음에서 예수는 여러 가지가 된다. 예수가 모세와 같이 되고 동시에 참 이스라엘을 실현한다고 주장함에 있어 어떤 긴장이나 모순도 존재하지 않는다"[24]라고 주장한다. 건드리(Gundry)도 "마태는 예수님을 더 위대한 모세로 만든다"[25]고 말한다.

또한 마태복음 1-2장의 유아기 내러티브는 예수님을 다윗 혈통의 왕이요(1:1-17), 그의 백성의 구원자요(1:21), 임마누엘이요(1:23), 이스라엘의 참된 목자(2:6)로 그리고 있다. 이로 보건대 마태복음 2:15은 호세아 11:1을 인용함으로써 예수님을 '새로운 출애굽을 경험할 이스라엘의 대표'로 볼 뿐만 아니라 '새로운 출애굽을

---

23 Ulrich Luz, *Matthew 1-7*, CC (Minneapolis: Fortress, 1989), 186 n.18.

24 Dale C. Allison, *The New Moses: The Matthean Typology* (Minneapolis: Fortress, 1993), 142.

25 Robert H. Gundry, *Matthew: A Commentary on His Handbook for a Mixed Church under Persecution* (Grand Rapids: Eerdmans, 1994), 33.

일으킬 이스라엘의 구원자'로 이해하고 있다고 보는 것이 자연스럽다.[26] 우리는 마태복음 2:15에서 '내 아들'로 불리는 예수님을 새로운 모세로 볼 수 있을 뿐 아니라 그렇게 보아야 한다. 마태복음 2:15의 아기 예수님의 경험을 통해 보면, 과거 모세의 구원사역(첫째 단계)은 미래의 새 모세의 구원사역을 미리 보여주는 모형이다. 따라서 우리는 이것을 '모세 모형론'이라 부를 수 있다.

8. 넷째 단계: 성취 단계(fulfillment level)

호세아는 다윗 혈통의 지도자가 모세처럼 이스라엘을 장차 다시 출애굽 시킬 것이라고 기대했다. 넷째 단계에서는 바로 이러한 기대가 예수님의 애굽 도피와 애굽에서의 귀환이라는 사건에서 성취된다. 아기 예수의 가족이 애굽으로 도피하고(2:14), 애굽을 나와 이스라엘 땅으로 다시 들어간(2:21) 역사적 사건을 마태는 호세아가 기대한 '새로운 출애굽'의 성취로 본다. 마태는 예수님의 생애를 통해, 특히 예수님의 십자가 죽음과 부활을 통해 새로운 출애굽이 일어났다고 본다. 새로운 출애굽에서 예수님은 구원 받는 이스라엘을 대표하시고, 이스라엘을 구원하는 모세를 계승하신다. 예수님은 새로운 출애굽을 이스라엘 나라로서 경험하실 것이고 또 동시에 이스라엘

---

26 Allison은 마태복음에 나타나는 모세 모형론 구절을 제시한다. 앨리슨은 마태복음 1-2장의 유아기 내러티브와 물 위를 걸으심(3:13-17), 광야 시험(4:1-11), 산에서의 새 율법 수여(5-7장), 위대한 감사(11:25-30), 변화(17:1-9), 대위임령(28:16-20)에 명백한 모세 모형론이 나타나며, 명백하진 않지만 가능성이 있는 구절들로서 군중을 먹이신 사건(14:13-22; 15:29-39), 예루살렘 입성(21:1-17), 최후의 만찬(26:17-25)을 제시한다. *The New Moses*, 268.

의 구원자로서 경험하신다.[27] 아기 예수님의 애굽-이스라엘 왕복 여정(2:13-23)은 예수께서 전체 생애(특별히 십자가와 부활)를 통해서 행하실 구원 사건을 요약적이고 상징적으로 보여주는 사건이다. 그러므로 마태는 예수님의 애굽-이스라엘 왕복 여정을 호세아 11:1의 성취로 봄으로써 아기 예수가 경험한 이 여정 너머에 있는 십자가와 부활을 통한 새로운 출애굽의 온전한 성취까지 바라본다.

9. 결론

마태복음 2:15의 호세아 11:1 인용은 예수님을 '하나님의 아들'(the Son of God)로 선언하는 마태복음의 첫 '하나님의 아들 기독론' 선언이다. 이 명시적 선언은 주전 15세기 하나님께서 모세를 통해 행하신 역사적 출애굽 사건에 기초를 둔다(첫째 역사적 단계). 그리고 호세아 11:1의 전체 문맥, 그리고 그 가까운 문맥은 호세아가 과거 출애굽 사건을 닮은 미래의 새 이스라엘의 출애굽을 기대하며(둘째 이스라엘 모형론 단계), 과거 모세의 구원자 역할을 닮은 미래의 새로운 모세의 출현을 기대하였음(셋째 모세 모형론 단계)을 보여준다. 마태는 호세아의 두 가지 모형이 예수님의 생애를 통해 성취되었다고 본다(넷째 성취 단계). 아기 예수의 애굽-이스라엘 왕복 여정이 그분의 전체 생애(특별히 십자가와 부활)를 통해 행하실 새로운 하나님의 백성의 구원사역을 요약적이고 상징적으로 보여준다고 생각한다. 그래서 마태는 헤롯 대왕의 박해를 피한 예수 가족의

---

27 Beale, "The Use of Hosea 11:1 in Matthew 2:15," 705.

애굽행이 구속사적으로 매우 중요한 의미를 지닌 사건임을 호세아 11:1의 성취 인용으로 나타낸다.

10. 적용

예수께서 행하신 일이 이 외에도 많으니 만일 낱낱이 기록된다면

이 세상이라도 이 기록된 책을 두기에 부족할 줄 아노라(요 21:25).

요한의 말처럼 복음서 기록자들은 예수님의 생애에 일어난 모든 사건을 기록하지 않았다. 아니, 다 기록할 수 없었다. 그래서 그들은 성령의 감동을 받아 예수님의 생애에서 중요한 사건들을 선택적으로 기록하였다. 복음서 기록자들은 기록된 사건들 중 일부를 더 강조하기도 했는데, 특히 마태는 "이는 주께서 선지자 누구를 통하여 말씀하신 바, …를 이루려 하심이라"는 '성취 인용구'(fulfillment quotation)를 사용해 강조했다. 마태복음 2:15은 요셉이 아기 예수를 데리고 애굽으로 도피한 사건을 통해서 모세의 출애굽 새 버전인 '새로운 출애굽'을 예수님께서 시행하실 것이라고 미리 말해준다. 이 새로운 출애굽은 새로운 언약백성이 경험할 수 있다. 열 가지 재앙과 홍해를 가르는 기적을 통해 수백만 이스라엘 백성을 애굽에서 해방시키신 하나님께서는 그분의 아들 예수의 십자가와 부활을 통해 열방으로부터 택한 셀 수 없는 하나님의 백성들에게 궁극적이고 최종적인 구원을 베푸신다. 하나님의 아들 예수를 믿어 새로운 이스라엘 공동체에 속한 자는 새로운 모세이신 예수께서 베푸시는 종말론적 구원을 지금 여기에서 미리 경험할 수 있다. 주님의 재림 때 완성될

구원이 가져다 줄 영광을 사모하며, 각자 보냄 받은 자리에서 하나님 나라를 세우며 복음을 증언하는 삶을 신실하게 살아내자.

세 번째 여행

성부께서
하나님의 아들을 인정하시다

마태복음 3:13-17

성부께서 하나님의 아들을 인정하시다

하늘로부터 소리가 있어 말씀하시되 이는 내 사랑하는 아들이요
내 기뻐하는 자라 하시니라
[마태복음 3:17]

1. 기독론적 계시인 성부의 음성

예수님의 세례(3:13-17) 장면은 많은 신학적 상징들로 가득 차
있다. 열린 하늘, 비둘기처럼 예수님께 내려오신 성령님, 세례자 요
한이 예수님께 세례를 준 행위는 하나님의 왕국의 도래와 세상의 끝
을 보여준다. 그 중에 우리가 더 주목해야 하는 것은 성부의 음성("이
는 내 사랑하는 아들이요 내 기뻐하는 자라")에 나타나는 기독론적
계시다. 즉 그리스도를 보여주는 계시이다.

이 성부의 음성은 시편 2:7과 이사야 42:1에서 왔다.[01] 시편 2:7

---

01 신약이 구약을 직접적으로 '인용'(quotation)하지 않고 간접적으로 '단어'나 '주제'를 끌어오는 것
을 '인유'(allusion, 혹은 '암시')라고 한다.

에서 하나님은 다윗 혈통의 왕을 "내 아들"이라고 부르신다. 이사야 42:1에서 하나님은 당신께서 기뻐하시는 당신의 종을 소개한다. 예수님의 세례 때 들린 성부의 음성은 구약 두 구절의 조합으로서 예수님 세례 장면의 절정을 이루며, 예수 그리스도의 정체성과 사명을 보여주는 기독론적 계시다.

2. 하늘로부터 들려온 음성의 기독론적 중요성

하늘로부터 들려온 성부의 음성이 기독론적으로 중요한 두 가지 이유가 있다. 첫째, 이 음성을 통해 성부 하나님께서 친히 예수께서 당신의 아들이며 종이라고 처음으로 밝혀 주셨다.[02] 어떤 학자들은 이때 하늘에서 들려온 목소리를 하나님의 직접 계시 자체로 보지 않고 하나님의 직접 계시에 대한 메아리, 즉 열등한 간접 계시인 '바트-콜'(*bath-qol*)로 보았다. '소리의 딸'이라는 뜻의 히브리어이다. 랍비들은 구약의 마지막 선지자인 말라기 이후로는 하나님의 영이 이스라엘을 떠났고 하나님의 직접 계시가 아닌 '바트-콜'만 들을 수 있다고 믿었다.[03] 하지만 예수님 세례 때 열린 하늘로부터 들린 소리는 하나님의 아들의 등장을 계기로 400년 만에 다시 시작된 하나님의 직접 계시로 보아야 한다.[04] 천상의 목소리는 성부가 예수님을

---

02 성부께서 직접 예수님을 그분의 아들이라고 선언하시는 두 번째 사건은 변화산 사건(17:5)이다.

03 Michael P. Green, *The Message of Matthew: The Kingdom of Heaven*, BST (Downers Grove, IL: InterVarsity Press, 2001), 81-82.

04 Craig L. Blomberg, *Matthew*, NAC 22 (Nashville: B&H, 1992), 82; Donald A. Hagner, *Matthew 1-13*, WBC 33A (Dallas: Word, 1998), 58; 그랜트 R. 오스본, 『강해로 푸는 마태복음』(서울: 디모데, 2015), 136.

'나의 아들'로 인정한다는 하나님의 '평가 관점'(evaluative point of view)을 보여 준다. 마태복음에서 성부 하나님의 관점은 저자 마태가 독자에게 주지시키려는 예수님에 대한 관점과 일치한다. 따라서 마태는 독자들에게 성부가 예수님께 사용한 '하나님의 아들'이라는 칭호를 독자들의 뇌리에 심어주려고 한다.

둘째, 마태는 예수님의 세례를 공적 사건(public event)으로 묘사한다. 마가복음 1:11과 누가복음 3:22은 예수님께서 세례 받으실 때 천상에서 "너는 내 사랑하는 아들이라"(σὺ εἶ ὁ υἱός μου ὁ ἀγαπητός)는 소리가 들렸다고 기록한다. 하지만 마태복음 3:17은 "이는 내 사랑하는 아들이라"(οὗτός ἐστιν ὁ υἱός μου ὁ ἀγαπητός)는 소리가 들렸다고 한다. 마가복음과 누가복음은 천상의 목소리를 개인적인 대화체("너는 …이다")로 묘사한 반면, 마태복음은 대중 앞에서 하신 선언으로 묘사한다. 즉 마가복음과 누가복음은 예수님의 세례를 사적 사건으로 그리지만, 마태복음은 주변 사람들도 천상의 음성을 들을 수 있었던 공적 사건으로 그린다. 이것은 예수님의 세례를

성경구절	누가 예수님을 불렀는가?	예수님의 칭호
3:17	하나님	"이는 내 아들이다"
12:23	군중	"이는 다윗의 자손이다"
14:2	헤롯 안티파스	"이는 세례 요한이다"
17:5	하나님	"이는 내 아들이다"
21:10-11	군중	"이는 선지자다"
21:38	비유 속 농부들	"이는 상속자다"
27:37	로마 군인	"이는 유대인의 왕이다"
27:54	로마 군인	"이는 하나님의 아들이다"

<표 2> 마태복음에 나타나는 "이는 …이다" 형식의 표현들

보고 있던 사람들에게 예수께서 하나님의 아들이심을 알리기 위해서다.

〈표 2〉에서 보듯이 마태복음에는 예수님을 설명하는 "이는 …이다"라는 형태의 문장이 자주 등장한다.

마태는 "이는 …이다"라는 표현을 다른 사람을 가리키기보단 대부분 예수님을 가리킬 때 썼고, 예수님의 다른 어떤 칭호보다 '하나님의 아들'을 가장 많이 부각시켰음을 알 수 있다(3:17; 17:5; 21:38; 27:54). 하나님은 직접적으로 예수님을 "내 아들"이라고 공적으로 두 번 선언하신다(3:17; 17:5). 예수님 자신도 악한 포도원 농부 비유에서 자신을 포도원 주인의 아들에 비유하심으로써 자신이 하나님의 아들임을 암시하신다(21:38). 그리고 하나님은 예수님의 사형을 집행했던 로마 백부장의 마음을 움직여 예수님을 '하나님의 아들'로 고백하게 하신다(27:54). 따라서 하늘에서 들려온 아버지 하나님의 목소리는 언약백성의 구원을 위해 세상에 보내신 '하나님의 아들'에 대한 성부의 기독론적 계시들의 시작이다.

3. 요한의 세례

예수님은 요한으로부터 세례를 받기 위해서 갈릴리로부터 유대광야 근처의 요단강으로 오셨다(3:1, 13). 광야는 이사야 40:3의 예언에서 "여호와의 길을 예비하고 하나님의 대로(大路)를 평탄케 하는" 장소였다. 이곳에서 세례자 요한은 불과 성령으로 세례 주실 '자기보다 크신 분'의 사역을 준비하기 위해 물로 세례를 주어 이스라엘을 정결케 해야 한다고 믿었다. 마태는 세례자 요한이 주는 세례는 "죄 사함을 받게 하는 회개의 세례"(3:2, 6; 막 1:4; 눅 3:3)라고 설명한다. 학자들은 이 세례의 기원을 찾으려는 시도를 했다. 요한의 세례가 유대교의 정결의식이었다고 보는 이도 있었고, 엣센파(the Essenes)[05]의 정결의식이라는 주장도 있었다. 유대교 개종자의 입교의식이라 하기도 한다. 하지만 유대교의 정결의식은 정결법을 어긴 부정을 해소하기 위한 것이므로 요한의 세례와 맥락이 다르다. 엣센파의 정결의식은 매일 치러지는 의식이었으므로 이 또한 세례자 요한의 단회적 세례와 다르다. 유대교 개종자의 입교의식은 이방인들만을 위한 것이었으므로, 주로 유대인에게 주어졌던 세례자 요한의 세례와는 다르다. 따라서 요한의 세례는 전례를 찾아볼 수 없는 독특한 의미의 세례로 보아야 한다.[06]

4. "모든 의를 이루는 것이 합당하니라"(3:15)

예수께서 세례자 요한보다 '높으신' 분이기에 예수께서 요한에게 세례를 주시는 것이 상식적이다. 하지만 예수께서 도리어 그에게 세례를 받으셨다. 회개하고 용서받을 죄가 예수님께 있었기 때문에 세례를 받으신 것이 아니다. 그러면 왜 예수님은 요한으로부터 세례를 받으셨나? 예수님은 "모든 의를 이루기 위해서"($\pi\lambda\eta\rho\tilde{\omega}\sigma\alpha\iota\ \pi\tilde{\alpha}\sigma\alpha\nu\ \delta\iota\kappa\alpha\iota\sigma\sigma\acute{\nu}\nu\eta\nu$) 세례를 받으셨다(3:15). 이 표현과 관련하여 예수께서 요한에게 세례 받으신 목적을 네 가지로 정리할 수 있다.

---

05 신약시대에 있었던 유대교의 한 종파. 금욕주의적이었고, 광야와 동굴 등에서 은둔 생활을 했다.
06 오스본, 『강해로 푸는 마태복음』 123.

첫째, 예수님은 요한에게 세례를 받으심으로 요한이 수행하고 있는 '메시아의 길을 예비해야 할 사명'을 완수하게 하신다.[07]

둘째, 예수께서 이 세례를 받으심으로 성부의 뜻에 순종하여 메시아 사역을 시작하는 표지가 된다.[08]

셋째, 사람을 구원하시는 하나님의 일을 위해 이사야에 나타난 '주의 종'의 역할을 담당하심으로써 하나님께 순종하셨다(사 53:11-12).[09]

넷째, 예수님은 자신과 자기들의 죄를 사함 받아야 하는 '자기 백성'(1:21)을 동일시하신다.[10]

세례를 통해 예수님은 하나님께 불순종한 광야의 이스라엘과 하나님께 온전히 순종한 자신을 동일시하신다. 그리하여 예수님 안에, 예수님 자신을 통해 하나님께 순종하는 참 이스라엘을 회복하신다. 예수께서 세례를 받아 이루고자 하신 '모든 의'는 이런 의미들을 담고 있다. 마지막 구약 선지자인 요한에게 세례를 받으심으로써, 예수님은 옛 이스라엘이 속한 구약 시대를 닫으시고 참 이스라엘을 위한 새로운 시대를 여신다. 그것은 참 이스라엘을 구원하고, 창조하고, 그들을 대표하는 메시아가 다스리는 새로운 시대다.

---

07 Hagner, *Matthew 1-13*, 56.

08 Hagner, *Matthew 1-13*, 56.

09 Blomberg, *Matthew*, 81.

10 Leon Morris, *The Gospel According to Matthew*, PNTC (Grand Rapids: Eerdmans, 1992), 65.

5. 시편 2:7과 이사야 42:1의 인용

> 시편 2:7 내가 여호와의 명령을 전하노라 여호와께서 내게 이르시되 너는 내 아들이라 오늘 내가 너를 낳았도다
>
> 이사야 42:1 내가 붙드는 나의 종, 내 마음에 기뻐하는 자 곧 내가 택한 사람을 보라 내가 나의 영을 그에게 주었은즉 그가 이방에 정의를 베풀리라

예수님께서 세례 받으실 때, 하늘이 열리고 들린 성부의 목소리(3:17)는 예수님의 변화 장면에서 구름에서 들린 성부의 목소리(17:5)와 동일하다.[11] 이 동일한 음성은 시편 2:7과 이사야 42:1이라는 메시아에 대한 기대를 담은 두 구약 구절이 조합된 내용이며, 성부 하나님이 성자 예수님을 어떻게 여기시는지를 보여준다. 학자들은 시편 2:7이 다윗의 뒤를 잇는 왕들의 대관식과 관련이 있다고 본다.[12] 초대교회는 시편 2편의 계시가 진정한 메시아로 오신 예수님을 통해 성취되었다고 이해했다.[13] 예수님은 다윗의 왕위를 잇는 메시아로서 이스라엘만 아니라 이방 나라까지 통치하시는 왕으로서 신적 기원을 가지신 분이다. 즉, 하나님이시다. 예수님 안에서, 예수님을 통해 하나님이 이스라엘의 왕이 되시며 그분의 통치영역은 열방으로 확장된다. 성부의 목소리가 가리키는 시편 2편이 예수님께서 왕이심을 보여준다면, 이사야 42:1은 예수님께서 어떻게 통치하실지를 보여주는데 그 방식은 고난과 섬김이다. 이사야 42:1-4, 49:1-6,

---

11 17:5에는 뒤에 "너희는 그의 말을 들으라"가 더해졌다는 점만 다르다.

12 J. D. 킹스베리, 『마태복음서 연구』(서울: CLC, 1990), 77.

13 킹스베리, 『마태복음서 연구』 77.

마태가 그린 하나님의 아들, 예수

50:4-9, 52:13-53:12에 나타나는 네 개의 '종의 노래'들 중에 제일 첫 번째를 인용하는 것은 다른 종의 노래들의 내용까지 암시하는 것이다. 그렇다면 메시아이신 예수님은 여호와의 종과 같이 사람들의 죄를 담당하고 이스라엘과 이방에 하나님의 구원을 전달하기 위해 고난을 받는 종의 모습을 성취하실 것이다.

따라서 예수께서 "하나님의 사랑하는 아들이요 기뻐하는 자"라는 말은 그가 여호와의 '왕-메시아'이며, 동시에 여호와의 '고난 받는 종'이라는 의미다.[14] 하나님은 왕-메시아이신 예수님을 통해 자기 백성에게 돌아오시며, 종이신 예수님의 고난을 통해 그들을 회복하신다. "비둘기처럼 내려오는 하나님의 성령"은 첫 창조 때 하나님의 영이 창조계 위에 "운행하신" 모습을 떠올리게 하며(창 1:3), 그리스도 안에서 하나님께서 이루실 '새 창조'를 암시한다.[15] 성령의 강림을 통해 비로소 예수께서 하나님의 아들로 입양되셨다거나, 메시아의 직분을 받으셨다거나 하는 주장은 옳지 않다. 이미 예수께서 하나님의 아들이라 암시하는 예수님의 계보(1:1-17)와 그렇게 선언하는 마태의 호세아 11:1 인용(2:15)을 무시하는 주장이다.[16]

말라기 선지자 이후 침묵하셨던 하나님은 예수께서 세례 받으실 때 음성을 들려주심으로 구원 역사를 다시 전진시키겠다는 선언을 하셨고, 메시아이며 종인 하나님의 아들을 통해 새로운 시대를 열 것을 밝히신다. 특별히 '아들이심'에 대해서는 시편 2:7의 사용을 통해 마태복음 1-2장 유년기 내러티브에 나타난 '하나님의 아들' 주제

---

14 G. K. Beale and D. A. Carson, *Commentary on the New Testament Use of the Old Testament* (Grand Rapids: Baker, 2007), 14.

15 Dale C. Allison, "The Baptism of Jesus and a New Dead Sea Scroll," *BAR* 18 (2): 58-60.

16 본 책의 제2장, 제3장을 참조하라.

(1:1-17; 2:15)를 통해 더 뚜렷이 보여준다. 마태는 '하나님의 아들' 주제를 마태복음 전체에서 음악의 '론도(rondo)[17] 형식'처럼 반복한다. 특히 세례 때 성부의 음성은 '하나님의 아들' 주제가 더 분명히 나타나는 광야 시험 장면(4:1-11)을 준비한다.

6. 삼위일체 안에 하나님의 아들

예수님의 세례 장면에서 놓치지 말아야 할 것 중 하나는 삼위일체의 등장이다. 성부는 성자의 세례를 기획하고 진행하시며, 성자는 그 계획에 순종하여 중앙 무대에서 세례를 받으시며, 성령께서 성자에게 임하여 구원사역을 위한 능력을 부어주신다. 세례 때에 하나님께서 예수님을 양자로 삼아 구원자의 사명과 능력을 주었다는 입양론(adoptionism)은 전혀 옳지 않다. 세례 때 하나님께서 하신 일은 창세전부터 삼위 하나님께서 함께 논의하셨던 구원에 대한 계획(구속언약)[18]을 성자가 본격적으로 실행하도록 승인하시고 성령님을 통해 능력을 주신 것이다.[19]

마태복음 3:16과 3:17은 둘 다 "하늘들"(heavens)에 주목한다. 앞 구절은 "보라, 하늘들이 열렸다"(ἰδοὺ ἠνεῴχθησαν οἱ οὐρανοὶ)라고 말하여 독자의 주의를 끌며, 뒷구절은 성부의 음성이 "하늘들로부터"(ἐκ τῶν οὐρανῶν) 나왔다고 말한다. 단수 '하늘'(οὐρανός)이 아

---

17 론도(rondo)는 회선곡(回旋曲)이라고도 하며 주제가 같은 상태로 여러 번 되풀이되는 동안에 다른 가락이 여러 가지로 삽입되는 형식의 기악곡이다.

18 구속언약에 대해서는 우 병훈, 「개혁신학에서의 구속언약」, 「re」 25 (2015년 3월호): 7-10을 보라.

19 참고. "하나님의 성령을 힘입어"(12:28), "예수께서 성령에게 이끌리어"(4:1), "예수께서 성령의 충만함을 입어 … 성령에게 이끌리시며"(눅 4:1), "주의 성령이 내게 임하셨으니"(눅 4:18).

마태가 그린 하나님의 아들, 예수

닌 복수 '하늘들'(οὐρανοί)은 가장 높은 하늘들에 있는 하나님의 거주지를 가리키는 묵시문학적 표현이다.[20] 하늘들의 속성은 본래 은폐인데, 예수 그리스도의 정체성과 사명을 공적으로 계시하기 위해 성부께서 하늘들을 여셨고, 성령님을 내려 보내셨다.[21] 창세 전에 구원에 대해 함께 논의하셨던 삼위 하나님은 예수께서 공생애를 시작하는 세례 때도 함께 등장하심으로써, 앞으로 펼쳐질 구원사역을 위해 한 뜻으로 일하시겠다는 결의를 보여주신다. 하나님의 아들 예수는 자신의 의지로만 세상에 나오지 않으셨고 삼위 하나님의 상호 협의와 동의를 통해 세상에 나오셨으므로, 성자는 성부의 뜻에 순종함으로써 성령님의 지원을 받아 상호 협력 속에서 인류 구원의 사역을 감당하실 것이다.

7. 결론

마태복음에서 '하나님의 아들'은 중심이 되는 칭호이다. 다른 칭호들(다윗의 자손, 인자, 메시아, 주, 임마누엘 등)과 함께 예수님의 아들로서의 정체성과 사명을 잘 보여준다. 특히 세례 장면(3:13-17)은 성부, 성령과의 관계 안에서 성자(하나님의 아들)의 위치를 보여준다. 하나님의 아들은 성부께서 주도하시며 성령께서 지원하시는 구원사역의 중심에 계신다. 세례 장면에 나타나는 '하나님의 아들' 칭호는 예수님을 메시아-왕(시편 2:7)이자 고난 받는 종으로 보는 성부의 평가 관점을 드러낸다. 예수님은 세례를 받으심으로 죄 많은

---

20 Jonathan T. Pennington, *Heaven and Earth in the Gospel of Matthew* (Grand Rapids, 2007), 144.

21 Pennington, *Heaven and Earth in the Gospel of Matthew*, 237.

언약백성과 죄 없는 자신을 동일시한다. 이 세례를 통해 예수님은 언약백성을 구원하는 사역(공적 생애)을 본격적으로 시작하신다.

8. 적용

예수께서 공생애 동안 누군가에게 직접 세례를 주신 적은 없다. 하지만, 부활하신 예수님은 제자들에게 지속적으로 세례를 행하도록 명령하셨다(28:19). 베드로전서 3:20-21에서 세례는 구원 경험의 중요한 부분으로 제시된다. 세례 자체가 우리를 구원하지는 않으나, 주를 따르겠다는 '선한 양심'으로 '서약'하는 행위인 세례는 기독교 신앙에서 중요한 위치를 차지한다.[22] 예수님은 하나님의 아들로서 인간구원을 위한 섬김과 고난을 순종함으로 받아들이셨다. 성자의 그러한 자세를 보시고 성부께서는 그를 "내 사랑하는 아들"이라 부르셨다(3:17). 베드로처럼 예수 그리스도를 "살아계신 하나님의 아들"(ὁ υἱὸς τοῦ θεοῦ τοῦ ζῶντος, 마 16:16)로 고백함으로 "살아계신 하나님의 아들들"(υἱοὶ θεοῦ ζῶντος, 롬 9:26)이 된 우리에게 하나님께서는 어떤 삶을 기대하실까?(참고. 마 5:9; 눅 20:36; 롬 8:14, 19; 갈 3:26; 호 1:10 칠십인경) 예수님처럼 하나님의 계획을 분별하여 깨닫고, 그 계획 안에서 우리에게 맡기신 사명에 대해 신실하게 순종하는 삶이리라.

---

22 오스본, 『강해로 푸는 마태복음』 139.

네 번째 여행

사탄이 하나님의 아들을 시험하다

마태복음 4:1-11

사탄이 하나님의 아들을 시험하다

시험하는 자가 예수께 나아와서 이르되 네가 만일 하나님의 아들이어든
명하여 이 돌들로 떡덩이가 되게 하라
[**마태복음 4:3**]

이르되 네가 만일 하나님의 아들이어든 뛰어내리라 기록되었으되
그가 너를 위하여 그의 사자들을 명하시리니
그들이 손으로 너를 받들어 발이 돌에 부딪치지 않게 하리로다 하였으니
[**마태복음 4:6**]

1. 실패한 하나님의 아들, 성공한 하나님의 아들

혼히 '예수님의 시험'이라고 불리는 이 기사는 예수님과 사탄의
충돌을 역동적으로 그린다. "이 세상의 임금"(요 12:31)인 사탄은 자
신이 지배하는 영토를 예수께서 되찾으려고 오셨음을 알았기에, 먼
저 예수님을 찾아와 시험을 한 것으로 보인다.[01] 마태복음에서 사탄
은 예수님의 가장 큰 대적이며 원수다.[02] 하지만 대부분의 경우 사탄

---

01 마이클 하이저, 『성경의 초자연적 세계관: 성경이 증거하는 보이지 않는 세계』 (서울: 좋은씨앗,
2020), 156.

02 Cf. Craig A. Evans, *Matthew*, NCBC (New York: Cambridge University Press, 2012), 82: 사탄은 본
래 고유명사가 아니며, '고소자', '고발자', '반대 발언자'라는 의미를 가지는 보통명사요 칭호였다. 그
러나 점차로 인격성을 가진, 악한 영들의 우두머리를 가리키는 고유명사로 사용되었다. 구약 외경

은 전면에 나서기보다는 배후에 존재하면서 하수인들을 조종한다. 종교 지도자들이 예수님께 대항하여 갈등을 일으키는 것은 그들이 사탄의 영향력 아래 있기 때문이다. 예수님은 하나님께 순종하며 그분이 주신 사명에 신실한 분이시다. 그런데 사탄은 끊임없이 예수님의 순종과 신실함을 훼방함으로써 예수님과 하나님 사이의 관계를 무너뜨리려 하고 예수께서 사명에 실패하게 만들려 한다.

마태복음 4:1-11은 하나님의 아들인 예수께서 공적 생애를 시작하는 시점에서 사탄에게 하나님께 대한 신실함을 시험받는 내용이다. 신명기 6-8장에서 모세는 가나안 땅에 들어가는 광야 길에 서 있는 '하나님의 아들'(신 8:5; 참고. 출 4:22)인 이스라엘에게 하나님과 그분의 법도에 순종하며 살라고 당부하지만, 결과적으로 이스라엘은 그 당부대로 살지 못한다. 마태복음 4:1-11은 '하나님의 아들' 이스라엘이 순종에 실패한 장소인 광야에서 '진정한' 하나님의 아들 예수님께서 하나님의 법에 성공적으로 순종하심으로써, 이스라엘의 회복과 인류 구원이라는 희망의 빛을 비추시는 모습을 보여준다.[03] 결국 이스라엘의 실패와 예수님의 성공은 하나님의 아들로서 '하나님께 얼마나 신실한가'에서 대비를 이룬다.

주빌리 17:16과 18:12는 악한 영의 우두머리인 '사탄'의 이름이 마스테마 왕(Prince Mastema)이라 언급하며, 그가 하나님께 요청하여 아브라함의 신실함에 대한 시험이 있었던 것이라 말한다.

03 Grant R. Osborne, "Testing God's Son: Deuteronomy and Luke 4:1-13," in *For Our Good Always: Studies on the Message and Influence of Deuteronomy in Honor of Daniel I. Block*, ed. Jason S. DeRouchie, Jason Gile, and Kenneth J. Turner (Winona Lake, IN: Eisenbrauns, 2013), 365.

2. 세 가지 배경으로 보는 하나님의 아들

예수께서 받은 시험을 살필 때, 우리는 그 시험이 일어난 세 가지 배경을 염두에 두어야 한다. 마태가 사용한 지리적 배경이 구약과 마태복음 안에서 어떤 영향을 미치는지를 살펴보면 우리는 마태가 예수님에 대해 말하고자 하는 바를 더 효과적으로 이해하게 된다. 광야, 예루살렘과 성전, 그리고 산이라는 배경을 통해 예수께서 하나님의 아들이심을 마태가 어떻게 드러내는지 살펴보자.

(1) 광야

고대인들은 광야를 악한 영들이 활동하는 장소로 생각했다. 그들은 악한 영들이 광야에서 독사나 들개 같은 동물의 모습을 취한다고 여겼다(사 13:21; 구약 외경 에녹 1서 10:4-5; 토빗 8:4-5; 마카비 4서 18:8; 바룩 2서 10:8).[04] 하나님의 아들이라 불린 이스라엘은 악한 세력이 활동하는 광야에서 40년 동안 시험 받았다(신명기 6-8장). 그리고 이 광야에서 예수님도 악한 존재에게 시험 받으셨는데, 단순한 개인으로서가 아니라 이스라엘의 대표로서 시험 받으셨다. 예수께서 시험을 받으신 '40일 40야'는 40년을 상기시킴으로써, 예수님의 시험이 이스라엘의 경험을 압축적으로 되풀이하셨음을 보여준다. 이스라엘은 광야에서 하나님께 온전히 순종하는 데 실패했지만, 새 이스라엘, 참 이스라엘이신 예수님은 그 일에 성공하신다.[05] 광야에 본거지를 둔 사탄, 악한 영이 주는 유혹을 물리치심으로 그들에게 승리하시고 하나님의 뜻을 이루신다. 이로써 옛 이스라엘처럼 실패

---

04 Craig A. Evans, *Matthew*, NCBC (New York: Cambridge University Press, 2012), 81.

05 R. T. France, *The Gospel of Matthew*, NICNT (Grand Rapids, Eerdmans, 2007), 128.

한 하나님의 아들이 아닌 참된 하나님의 아들이심을 증명하신다.

시험 기사에서 광야는 한 편으로 옛 이스라엘의 한계를 극복하시는 새 이스라엘이신 예수님, 다른 한 편으로 옛 이스라엘을 이끌어 구원한 모세를 넘어서는 새로운 모세이신 예수님을 잘 드러내는 배경이 된다. '40일 40야'는 출애굽기 24:18과 신명기 9:11에서 십계명을 받는 모세가 산에 있었던 기간이다.[06] 하나님의 아들이신 예수님께서는 새로운 모세로서 종말의 새로운 출애굽을 통해 언약백성을 죄라고 하는 애굽의 속박에서 구원하실 것이다(1:21).

(2) 예루살렘과 성전

예루살렘(Ἱεροσόλυμα)과 성전(ἱερόν)이라는 배경도 우리의 관심을 끈다. 이 두 장소는 예수님과 종교지도자들 사이의 갈등이 일어난 장소이며, 결국 예수님께서 여기서 처형 되신다(27:50). 아울러 이스라엘을 향한 하나님의 심판의 표적들(27:45, 51a)이 이 예루살렘과 성전에 나타났다.

부정적으로 그려진 예루살렘과 성전

그래서인지 마태복음 전체에서 예루살렘과 성전은 부정적으로 그려진 경우가 많다. 현자들(개역개정에는 '박사들', magi)이 예루살렘을 방문했을 때 헤롯 대왕과 함께 소동했던 주체가 '온 예루살렘'이었다(2:3). 예루살렘은 종교 지도자들의 본거지로서(15:1), 이들과 함께 예수님을 거절하고 박해한 대가로 장차 무너지고 황폐해질 것이다(23:37-39; 24장).

---

06 Dale C. Allison, *The New Moses* (Minneapolis: Fortress, 1993), 167.

또한 예루살렘 성전은 '기도하는 집'(사 56:7)으로서의 역할을 제대로 수행하지 못하므로 예수님께 '강도의 소굴'이라 책망을 받았다 (21:12-14). 예수님은 돈 바꾸는 사람들의 상을 엎으시고 비둘기 파는 사람들의 집기를 둘러엎으심으로써 예루살렘 성전의 멸망을 상징적으로 예언하셨다. 예수님의 이 행동은 하나님을 예배하는 통로로서 성전의 역할이 끝났음을 의미한다. 이제 하나님의 아들이신 예수님께서 옛 성전을 대체하며, 참된 예배의 처소요 하나님께 나아가는 통로로서 새로운 성전이 되실 것이다.

긍정적으로 그려진 예루살렘과 성전

그러나 마태복음은 예루살렘과 성전을 긍정적으로 그리기도 한다. 유월절 기간에 예수께서 예루살렘 성에 들어오실 때 예루살렘 군중들은 예수님을 왕이요 선지자로 환영한다(21:5, 11). 또 예루살렘은 하나님이 거하시는 성전을 품은 성이므로, '큰 임금의 성'이라 불린다(5:35; 참고. 마 23:21). 마태복음 4:5은 '거룩한 성' 예루살렘을 하나님의 아들이신 예수님의 정체성이 사탄에게 시험받는 장소로 그린다. 하지만 마태복음 27:53은 예루살렘을 예수께서 부활하시고 (27:53; 28:6), 많은 성도들이 소생하는 역사적 장소로 그릴 뿐 아니라, 더 나아가 부활한 성도들이 '거룩한 성'에 들어가는 모습을 통해 재림 때 신실한 성도가 들어가 영생을 누리는 종말론적 장소로 묘사한다.

시험 기사 속의 성전

시험 기사에서 성전은 예수님을 반대하고 시험하는 종교 지도자들의 본거지답게, 종교 지도자들의 배후 조종자인 사탄이 직접 나서

마태가 그린 하나님의 아들, 예수

서 예수께서 하나님의 아들이심(4:6)을 시험하는 배경으로서 역할을 한다. 하나님의 처소이자 하나님의 보호가 가장 강력하게 역사하는 장소인 성전[07] 꼭대기에서 사탄은 예수님께, 하나님께서 당신의 아들을 언약대로 보호하시는지 시험해보라 도전한다. 성전 꼭대기에서 뛰어내려 천사들이 보호하는 장면을 사람들이 본다면 예수님은 금세 사람들의 인기와 명성을 얻을 수 있었을지도 모른다. 그러나 새로운 성전이신 예수님은 하나님의 아들로서의 정체성에 대한 사탄의 도전 앞에 흔들림 없이 대응하신다. 예수님은 성부를 전적으로 신뢰하기에 성부의 신실함을 시험할 필요가 없다. 하나님께 참되게 순종하는 자는 자신의 이익을 위해 믿음을 도구로 사용해 하나님을 시험하지 않는다. 예수님 당시 성전은 대제사장들이 돈을 벌어들이는 '매장'으로 변질되어 있었다(참고. 마 21:12-13). 그 성전에서 사탄은 예수님도 이득이 될 만한 일을 벌여서 사람들의 이목을 끌어 보라고 유혹한다. 하지만 예수님은 변질된 성전의 방향을 따르지 않으신다. 그분은 십자가 죽음과 부활을 통해 "(옛) 성전을 헐고 (새 성전을) 사흘에 지으실" 분이시기 때문이다(27:40). 과거 하나님께 나아가는 통로였던 옛 성전은 웅장한 건물로서 건재해 보이지만, 윤리적 이유로, 구속사적 이유로 그 용도가 폐기되었다. 성전 꼭대기에 서 계신 예수님은 하나님께 나아가는 유일하고 영원한 통로인 새로운 성전으로서 옛 성전을 대체하실 것이다. 옛 성전이 아니라 이 새로운 성전을 의지하는 자에게 새로운 살 길이 열리게 될 것이다.

---

07 Donald A. Hagner, *Matthew 1-13*, WBC 33A (Dallas: Word, 1998), 66.

(3) 높은 산

마태복음에서 '산'은 예수께서 어떤 분이신지를 보여주는 기능을 한다. 산에서 예수님은 하나님께 순종하는 아들이신지 시험받았고, 아들이심을 증명하신다(4:8). 예수님의 제자들이 따를 새 율법의 핵심인 산상수훈은 이름 그대로 '산'에서 주셨다. 언약백성 이스라엘이 따라야 할 십계명과 율법을 시내산에서 주셨듯이(출 19:20; 24:4, 12), 새 언약백성이 따라야 할 새 율법도 갈릴리의 한 산에서 주셨다(5:1; 8:1). 산에서 예수님은 새로운 하나님의 백성을 모으고 가르치신다(5:1; 8:1; 15:30). 예수께서 십자가 고난을 통해 부활 영광을 얻을 하나님의 아들이라고 선포된 곳 역시 산이었다(17:1-13). 산에서 예수님은 종말이 시작되었음을 선포하신다(24:3). 산에서 예수님은 성부의 뜻 앞에 기도로 자신을 복종시키심으로 순종하는 아들이심을 보여주셨다(26:30, 36). 하늘과 땅의 모든 권세를 받으신 하나님의 아들이시라는 장엄한 선언을 하시고 승천하신 장소도 역시 산이었다(28:16-20).

시험 기사에서 사탄은 예수님을 '지극히 높은 산'으로 데려가 자신에게 엎드려 경배하면 '천하 만국과 그 영광'을 줄 수 있다고 장담했다(4:8). 구약에서 산이 종종 우상 숭배의 장소로 나타나는 점을 감안한다면, 아마도 사탄은 하나님의 뜻을 배우고 순종하는 장소인 산을 악한 자와 자기 욕망을 섬기는 우상 숭배의 장소로 변질시키려는 의도를 가졌을 것이다.[08] 사탄은 예수께서 십자가 고난을 통과하지 않고도 즉시 영광을 누릴 수 있다고 속삭였다. 그러나 예수님은 십자가 고난을 통과하지 않고 얻는 영광은 거짓임을 아셨다. 그분은

---

08 Dale C. Allison, *Matthew* 1-7 (New York: T&T Clark, 1988), 370.

사탄의 유혹을 물리치셨고, 하나님의 뜻에 순종하여 십자가에 오르셨고, 하나님께서는 그를 다시 살리셨다. 그리하여 부활하신 예수님은 성부로부터 '하늘과 땅의 모든 권세'를 받으셨다(28:18). 이 권세받으신 것을 선포하신 곳도 다름 아닌 '산'(τὸ ὄρος)이므로, 우리는 마태복음에서 산이 예수님에 대한 계시가 주어지는 중요한 장소임을 확증할 수 있다(28:16).[09]

3. 반복해서 도전 받는 '하나님의 아들' 정체성

예수님께서 '하나님의 아들'이라는 사실은 이미 바로 앞의 세례 기사에서 성부께서 예수님을 '내 아들'(ὁ υἱός μου)이라 부르실 때 증명되었다. 그런데도 시험 기사에서 사탄은 광야에서 일어난 세 차례 시험 중에 두 차례나 "네가 만일 하나님의 아들이어든, 이것을 하라"고 도전한다(4:3, 6). 이는 예수님의 인격과 사역을 설명하는 여러 칭호들 가운데 '하나님의 아들' 칭호가 가장 중요함을 시사한다. 사탄은 예수께서 스스로가 '하나님의 아들'이라는 사실을 의심하게 되면, 하나님과의 신뢰관계가 약해지고 십자가의 길을 회피할 것이라 기대했던 것 같다. 그래서 사탄은 예수께서 공적 생애를 시작할 때 '하나님의 아들' 신분을 의심하도록 두 번이나 도전했고(4:3, 6), 나중에도 십자가라는 구속사의 절정의 순간에 그의 하수인들을 시켜 예수께서 '하나님의 아들이심'에 대한 최후 시험을 두 차례 감행하였다(27:40, 43).

---

09 France, *The Gospel of Matthew*, 135.

첫 번째 광야 시험에서 사탄은 예수님께 "하나님의 아들이어든 명하여 이 돌들로 떡덩이가 되게 하라"고 유혹했다. 이 시험의 핵심은 당신의 능력과 권리를 하나님의 뜻을 위해서가 아니라 자신의 유익을 위해 사용하라는 것이다(4:3). 예수께서 십자가에 달리셨을 때, 사탄은 구경꾼들을 통해 최후의 유혹을 시도한다. "하나님의 아들이어든 자기를 구원하고 십자가에서 내려오라"(27:40). 이것 역시 예수님 당신의 능력을 하나님의 뜻보다 자신의 유익을 위해 사용하라는 유혹이다. 인간을 죄에서 구원하기 위해 희생되는 '죄 없는 대속물'(20:28; 참고. 고전 5:21)이 되라는 하나님의 계획에 순종하지 말고, 자신의 유익을 위해 다른 길로 방향을 바꾸라는 도전이다.[10] 사탄은 예수님으로 하여금 '하나님의 아들'의 특권을 오용케 함으로써 그분이 하나님이 정하신 구속사 성취의 길로 나아가지 못하고 사사로운 유익 추구의 길로 나아가는 '실패한 하나님의 아들'이 되도록 유혹했다. 그러나 예수님께서는 자신을 위해 하나님이 주신 능력을 사용하길 거절하심으로 시험을 통과하신다. 자신을 배부르게 하시기를 거부하신 예수님은 후에 하나님의 아들의 능력으로 많은 백성들을 먹이심으로써 자신이 새로운 모세임을 드러내실 것이다(14:13-21; 15:29-38).[11]

두 번째 광야 시험에서 사탄은 예수님께 "하나님의 아들이어든 성전 꼭대기에서 뛰어내려서 하나님이 건져 주시는지 시험해보라"고 한다. 이 시험의 핵심은 많은 사람들 앞에서 '하나님의 아들'임을

---

10 Craig L. Blomberg, *Matthew*, NAC 22 (Nashville: B&H, 1992), 417.

11 Craig S. Keener, *The Gospel of Matthew: A Socio-Rhetorical Commentary* (Grand Rapids: Eerdmans, 2009), 144.

증명해 보이라는 도전이다(4:5-7). 예수께서 죽음의 위험에 처해 있는데도 하나님이 돕지 않으신다면 예수님은 하나님의 아들이 아니라는 도전이다. 마찬가지로 예수께서 십자가에 달리셨을 때 마지막 시험에서 사탄은 유대교 지도자들을 조종하여 "하나님의 아들이라면 지금이라도 하나님의 구원을 요청하여 공개적으로 '하나님의 아들'임을 증명하라"고 예수님을 조롱했다(27:43). 예수께서 하나님의 아들이라면 하나님이 십자가 죽음이라는 위기에 처한 아들을 건져 주시는 것이 마땅하다는 도전인 것이다. 십자가에서 죽으심으로 구원사명을 이루어야 하는 예수님께 사탄은 십자가에 죽는 자가 하나님의 아들일 수 없다는 논리로 공격하고 있다.

　이와 같이 사탄은 예수님의 공적 생애의 시작과 절정이라는 두 순간에 두 차례씩 예수님으로 하여금 '하나님의 아들' 정체성을 오용하게 하거나 의심하도록 유혹했다. 그렇게 함으로써 예수님과 하나님 사이의 부자관계(父子關係)를 훼손시켜 그분이 성육신하신 목적, 즉 "많은 사람이 죄 사함을 얻게 하려고 자기의 피를 흘리며"(26:28), "자기 목숨을 많은 사람들의 대속물로 줌으로써"(20:28), "자기 백성을 저희 죄에서 구원하는"(1:21) 구속사적 계획을 좌초시키려 하였다. 그러나 예수님께서는 사탄의 도전 앞에서도 자신이 메시아적 구원사역을 감당해야 할 '하나님의 아들'이라는 확신에 흔들림이 없으셨다. 성부 하나님과의 영원한 인격적 교제가 그러한 확신을 주었다. 주님은 인류 구원을 위한 자신의 십자가 죽음이 단순히 죽음으로 끝나지 않고 인류 구원을 위한 제물로 성부께서 받아주시며, 부활을 통해 자신의 죽음이 가져온 열매도 승인해 주실 것이라 믿으셨다.

4. 결론

마태는 광야, 예루살렘과 성전, 산이라는 배경을 통해 예수께서 하나님의 아들이심을 풍성하게 그려낸다. 그분은 새로운 이스라엘로서 하나님께 순종하며, 새로운 모세로서 언약백성을 구원하며, 새로운 성전으로서 그를 의지하는 자들에게 새로운 살 길을 여시며, 계시의 공간인 산에서 성부로부터 하늘과 땅의 모든 권세를 받으신 하나님의 아들이시다.

마태는 예수님의 생애 중 구속사적으로 중요한 시기에 사탄이 집중적으로 공격하는 예수님의 정체성을 보여줌으로써, 예수님께 가장 중요한 칭호가 무엇인지를 드러낸다. 사탄은 예수님의 공적 생애의 시작(예수님의 시험 기사, 마태복음 4장)과 절정(예수님의 죽음 기사, 마태복음 27장)이라는 두 순간에 예수님께서 '하나님의 아들'이심을 공격하고 도전함으로써 '아들'이심에 대한 확신을 약화시키고, 부자간의 신뢰관계를 무너뜨리려 한다. 이 두 기사와 '하나님의 아들'이 등장하는 다른 본문들을 통해 볼 때, 우리는 '하나님의 아들' 칭호가 예수님의 여러 칭호들 중에 가장 중심적이며, 예수께서 가지셨던 자기 정체성 이해의 핵심임을 알게 된다.

5. 적용

'하나님의 아들' 예수님을 믿는 성도는 '하나님의 아들들'이 되었다(5:9; 눅 20:36). 예수님을 메시아로 믿고 의지할 때 '종의 영'을 소유하고 있던 자에게 '아들의 영'을 주시므로(갈 4:6), 담대히 하나님을 '아빠 아버지'(롬 8:15)라 부를 수 있게 된다. 본래 예수님만 하나님을 '아빠 아버지'라 부를 수 있었지만, 그분을 믿고 그분이 보내신 영을 소유한 자에게도 동일한 특권을 주신다. 하나님의 아들/딸이 되는 것을 사도 요한은 '엑수시아'(ἐξουσία, '권세')를 받는다고 표현한다(요 1:12). 엑수시아는 '권리'(right)도 되고 '능력'(power)도 되므로,[12] 예수님의 이름을 믿는 자는 하나님의 자녀가 누리는 권리와 하나님의 자녀가 행사하는 능력을 갖게 된다.

예수님은 하나님의 아들로서 가진 능력을 자기 유익을 위해 사용하지 않으시고, 하나님의 계획에 따라 자기 백성의 구원을 위해 사용하셨다. 예수께서 가지신 '하나님의 아들'로서의 능력과 우리가 가진 '하나님의 아들/딸'로서의 능력은 질적으로 다르다. 굳이 더 말할 필요가 없다. 하지만 하나님이 '하나님의 아들/딸'에게 주시는 능력은 결코 작지 않다. 예수님을 믿고 하나님의 자녀가 된 자들은 우리 시대의 복음화를 위해 예수께서 하셨던 일을 할 수 있고, 그보다 더 큰 일(μείζονα)도 할 수 있다(요 14:12).

하나님의 자녀로서 받은 영적 권세를 어떻게 사용할 것인가? 먼저 하나님의 나라와 의를 구하고(6:33), 하나님의 나라가 임하는데 기여하며(6:10), 모든 민족을 제자 삼는 일(28:19)에 그 권세를 사용해야 한다. 우리의 능력을 사용하여 우리가 영광을 받으려 해서는 안 된다. 예수님처럼 이런 능력을 주신 하나님께 모든 영광을 돌려야 한다(9:8).

---

12 ESV, NASB, NIV는 'right'로, KJV, NRSV는 'power'로 번역하고 있다.

다섯 번째 여행

귀신도 하나님의 아들을 알아보다

마태복음 8:28-34

귀신도 하나님의 아들을 알아보다

이에 그들이 소리 질러 이르되 하나님의 아들이여
우리가 당신과 무슨 상관이 있나이까
때가 이르기 전에 우리를 괴롭게 하려고 여기 오셨나이까 하더니
[마태복음 8:29]

1. 여호와의 종이신 하나님의 아들의 치유

마태복음 8장을 살피기 전에, 먼저 앞선 문맥을 살펴보자. 마태복음 4:1-11에서 예수님은 사탄의 시험에 승리하여 당신께서 하나님의 아들임을 증명하셨다. 마태복음 4:12-17은 '하나님의 아들'의 '복음 전파' 사역이 이방인들과 이스라엘의 소외된 자를 향하고 있음을 보여준다. 마태복음 4:23-25는 '하나님의 아들'이신 예수께서 행한 사역이 가르침, 복음전파, 치유였다고 요약한다. 이어 등장하는 마태복음 5-7장의 산상수훈은 하나님의 아들의 세 가지 사역(가르침, 전파, 치유) 중 '가르침'에 해당하며, 참 선생이신 하나님의 아들이 새로운 하나님의 백성에게 주는 새로운 율법이다. 사람이 살기 위해 먹

어야 할 것은 떡이 아니라 "하나님의 입으로부터 나오는 말씀"(4:4)이라 말씀하셨던 예수님께서는, 율법에 나타난 하나님의 의도를 드러내는 해석으로 당신의 백성을 가르치신다. 하나님의 아들은 궁극적인 율법 해석자이시므로, 이러한 해석으로 율법을 폐하지 않으시고 완전케 하신다(5:17).

8장에 들어와 마태는 일련의 '치유' 사건들을 보여준다. 하나님의 아들이 긍휼의 목자(9:35)로서 상처 입은 양떼를 치유하는 모습이 마태복음 8:1-9:34에 걸쳐 나타난다. 특히 마태는 하나님의 아들의 치유가 이사야서의 고난 받는 '여호와의 종'에게 주어진 사명의 성취라고 말한다. 마태는 네 개의 여호와의 종의 노래(사 42:1-4; 49:1-6; 50:4-9; 52:13-53:12) 중에서도 넷째 노래를, 그 중에서도 이사야 53:4을 인용하여 예수님의 치유가 가진 의미를 설명한다. "우리의 연약한 것을 친히 담당하시고 병을 짊어지셨도다." 이 구절은 헬라어 칠십인경(LXX)보다는 히브리어 마소라 텍스트(MT)를 마태가 직접 번역한 것으로 보인다.[01] 유대인들은 이사야 29:18, 32:3-4, 35:5-6을 해석하면서 메시아 시대가 오면 죄의 용서와 함께 육체적 행복도 얻게 될 것으로 기대했다.[02] 이러한 유대인들의 해석에 영향 받은 마태는 예수께서 공생애 중 많은 사람들의 병을 치유하신 것은 여호와의 종으로서의 모습을 보여주셨다고 이해했다. 즉 예수님께서는 십자가 고난을 통해 자기 백성의 죄를 용서하실

---

01 그랜트 R. 오스본, 『강해로 푸는 마태복음』(서울: 디모데, 2015), 332-33. 70인경이란 구약 히브리어 성경을 헬라어로 번역한 성경이다. 주전 3세기에서 1세기에 걸쳐 번역되었다고 본다. 신약 저자들이 구약을 인용할 때는 70인경을 가장 많이 인용했고, 다음으로 마소라 텍스트를 번역해 인용했다.

02 Robert H. Gundry, *Matthew: A Commentary on His Handbook for a Mixed Church under Persecution* (Grand Rapids: Eerdmans, 1994), 150.

뿐 아니라 그들의 연약함과 병을 담당하시는 분으로서, 장차 하나님의 왕국에서 완성될 죄와 사망과 질병에 대한 승리를 공생애 기간 중에 미리 맛보게 해주셨다.

흥미롭게도 마태가 처음으로 제시하는 예수님의 치유 대상은 나병환자, 이방인, 여성이었다. 이들은 이스라엘의 주류 집단이 아니라 이스라엘의 언저리에 머물던 작고 낮은 비주류 집단이었다. 이것은 유대인들이 메시아에 대해 가졌던 기대와는 다른 모습이었다. 다수의 유대인들은 메시아가 오셔서 죄인들을 쓸어버리시고 자기 백성을 정화하리라 기대했다(솔로몬의 시편 17:6).[03] 하지만 이 땅에 오신 다윗 혈통의 메시아요 여호와의 종이신 예수님께서는 그런 식으로 자기 백성을 정화하지 않으셨다. 예수님께서는 죄인의 죄를 벌하지 않으시고 오히려 범죄한 자기 백성을 위해 자신을 벌하여 목숨을 내주심으로써 죄인들을 깨끗하게 하셨다.[04] 마태는 예수님의 치유 기적을 '여호와의 종'이라는 주제와 연결하여 예수님의 치유가 하나님께 대한 순종과 겸손이 바탕이 된 온유와 긍휼의 사역임을 드러낸다.[05]

2. 악한 영들이 하나님의 아들을 알아봄

예수께서 귀신을 쫓아내신 일은 분명히 치유의 한 형태이다.[06] 예

---

03 D. A. Carson, "Matthew," in *The Expositor's Bible Commentary: Matthew & Mark*, Vol. 9, eds. Tremper Longman III & David E. Garland (Grand Rapids: Zondervan, 2010), 244.

04 Carson, "Matthew," 244.

05 W. D. Davies and D. C. Allison, *Matthew 8-18*, ICC (London: T&T Clark, 1991), 38.

06 R. H. Bell, "Demon, Devil, Satan", *Dictionary of Jesus and the Gospels*, eds. Joel Green, Jeannine Brown, Nicholas Perrin, 2d ed. (Downers Grove: InterVarsity Press, 2013), 196.

수께서 가다라 지방의 귀신들린 자에게서 축귀하신 이야기(8:28-34)는 바로 이런 맥락에서 이해해야 한다.[07] 예수께서 귀신에게 괴롭힘 당하는 자를 찾아가 해방시키심은 자기 백성을 향한 긍휼에서 나온 행동이었다. 마태복음 8:28에서 예수님께서는 건너편 가다라 지방으로 가셨다가, 마태복음 9:1에서 다시 예수님의 동네로 돌아오신다. 예수께서 배를 타고 이방인들이 많이 사는 가다라 지방으로 가신 것은 오로지 귀신 들린 한 사람을 고통에서 해방시키기 위해서였다. 예수님은 이스라엘 백성뿐만 아니라 이방인들까지도 자기 백성의 울타리 안으로 초청하여 그들도 구원과 치유와 회복의 은혜를 누리게 하시는 긍휼의 메시아이심을 보게 된다.

특별히 마태복음 8:28-34은 예수께서 어떤 분이신지를 잘 보여주는 축귀 이야기다. 율법에 의하면 무덤(μνημεῖον)은 부정하다. 귀신들은 그런 부정한 장소를 거처로 삼는 일이 허다하다고 예수님 시대 사람들은 생각했다. 무덤 사이를 배회하던 귀신들린 자들은 예수님께서 나타나시자 소리 질러 외쳤다.

"하나님의 아들이여, 우리가 당신과 무슨 상관이 있나이까?
때가 이르기 전에 우리를 괴롭게 하려고 여기 오셨나이까?"(8:29).

---

07 마태복음 8:28은 귀신 들린 자가 '둘'이었다고 말한다. 평행본문인 마가복음 5:1-20과 누가복음 8:26-39은 귀신 들린 자가 한 명이었다고 말한다. 이 두 설명 사이의 차이를 어떻게 이해해야 할까? 필자는 가다라 지방의 무덤가에 귀신 들린 자 둘이었으며, 예수께서 그 중 한 명을 치유하신 것으로 이해한다. 마가와 누가는 치유 받은 한 명에 집중하였기에 한 명이라고 한 것이고, 마태는 치유 받지 못한 다른 한 명까지 포함하여 두 명의 귀신 들린 자가 있었다고 이야기의 서두에 언급한 것이다(Carson, "Matthew," 256). 뿐만 아니라 마태가 귀신 들린 '두 사람'에 주목한 이유는 예수님의 정체성에 대한 증언(8:29)이 구약 율법(민 35:30; 신 17:6; 19:15)대로 두 증인에 의해 이루어질 때 증언 내용이 신뢰받을 수 있기 때문이라 보는 견해도 있다(Craig L. Blomberg, *Matthew*, NAC [Nashville: B&H, 1992], 151).

"귀신 들린 자들"(δαιμονιζόμενοι)이란 눈에 보이지 않는 악한 영들이 사람 몸에 들어가 살게 되어서 자기 행동을 스스로 통제할 수 없는 사람들을 가리킨다.[08] 이런 악한 영들에게 사로잡힌 자들이 예수님을 "하나님의 아들이여"(υἱὲ τοῦ θεοῦ)라고 불렀다. 귀신들이 예수께서 누구신지를 선언했다는 점은 매우 흥미롭다.[09] 사탄은 광야에서 예수님을 시험할 때 예수님의 '하나님의 아들이심'에 도전함으로써 예수께서 그 정체성을 의심하게 만들려고 애썼다(4:3, 6). 그래서 여기서도 마찬가지로 악한 영들이 예수님께서 하나님의 아들이심에 대해 비아냥거리고 있다고 보기 쉽다. 하지만 본문의 악한 영들은 예수께서 하나님 아들이심을 알 뿐 아니라 인정하고 있다. 앞 단락에서 바다를 제압하는 권세를 지닌 예수님을 보고 제자들은 "이이가 어떠한 사람이기에 바람과 바다도 순종하는가?"라고 물었는데(8:27), 그 질문에 대한 모범 답안("하나님의 아들이여!", 8:29)이 역설적이게도 무덤가의 두 귀신의 입을 통해 선포된다.

귀신은 예수님을 '하나님의 아들'이라 불렀다. 인간과 달리 귀신이 예수님의 정체를 금방 알아차리며, 예수님의 등장이 자신들의 영역을 위협하고 있음을 즉시 알아채는 모습은 다른 복음서에도 기록되어 있다(막 1:24; 3:11).[10] 예수님은 영적 세계에 알려지신 하나님의 아들이시다. 영적인 존재들은 예수께서 하나님의 아들이심을 이미 알고 있었다. 이것은 눈에 보이는 세계만 아니라 눈에 보이지 않는

---

08 Blomberg, *Matthew*, 151.

09 블롬버그는 귀신 들린 두 사람이 하나님의 아들이라는 예수님의 정체성을 드러내어 말한 것은 그들을 향한 예수님의 영적인 공격을 막기 위한 시도였다고 주장한다(Blomberg, *Matthew*, 151). 그러나 상대방의 이름이나 정체성을 밝히 말함으로써 그의 능력을 약화시키거나 통제할 수 있다는 생각이 본문에 드러나는지는 확실하지 않다.

10 Donald A. Hagner, *Matthew 1-13*, WBC 33A (Dallas: Word, 1998), 227.

영적 세계도 존재함을 보여준다. 이 영적 세계 안에 하나님께 순종하는 영들의 나라와 하나님께 불복하는 사탄과 귀신의 나라가 있다.

3. 악한 영들이 하나님의 아들의 능력을 두려워함

귀신들은 예수님과 맞닥뜨렸을 때 그분이 하나님의 아들이심을 직감했다. 그분이 눈에 보이는 물리적 세계와 눈에 보이지 않는 영적 세계를 지배하시는 분이심을 인식했다. 본문의 귀신들은 강력한 힘을 가지고 있었고, 이들의 활동은 "몹시 사나워 아무도 그 길로 지나갈 수 없을 지경"이었다(8:28). 그런 사납고 강력한 활동을 하는 귀신들이었지만, 그들이 예수님과 마주 섰을 때 소리를 지를 정도로 당황했고 놀랐다. 그들은 예수님의 능력과 권세 앞에 저항할 수 없음을 자각했다. 이것은 "예수께서 다른 이들은 불가능한 방식으로 하나님과 관계를 맺고 있으며, 그 관계로 인해 평범한 사람들은 할 수 없는 큰 일을 하실 수 있음을 귀신들이 알았음"을 보여준다.[11] 그들은 파멸을 면하게 해달라고 자비를 구하는 길을 택했다.

악한 영들은 그들의 최종적인 파멸의 때가 언젠가는 올 것이라 예상했다. 그래서 예수님께 "때가 이르기 전에"(πρὸ καιροῦ) 온 이유가 자기들을 괴롭히기 위함이냐고 묻는다. 때가 이르면 사탄과 수하의 악한 영들에 대한 하나님의 최종적인 심판이 있을 것이고, 심판 받은 후 그들은 모든 힘을 잃고 영원한 불에 들어가게 될 것이다 (25:41).[12] 몇몇 유대 문헌들은 악한 영들의 최후 심판이 메시아에 의

11 Leon Morris, *The Gospel of Matthew*, PNTC (Grand Rapids: Eerdmans, 1992), 209.
12 참고. 에녹1서 12-16장; 주빌리 5:6-10; 10:1-13.

해 이루어질 것이라 말한다(에녹1서 55:4; 레위의 유언 18:12). 그런데 악한 영들의 예상보다 더 일찍 예수님은 축귀를 통해 사탄의 왕국을 심판하고 하나님의 왕국을 이루기 시작하셨다(참고. 마 11:12). 인간의 타락으로 인해 하나님께 불순종하는 영적 세력을 굴복시키고 하나님의 왕국을 세우기 위해 예수께서 '여기'(ὧδε) 인간 세상에, 심지어 이방인의 땅까지 오셨다(8:29).[13] 예수께서 귀신을 쫓아내신 것은 하나님의 왕국 도래의 확실한 표지 중 하나였다(12:28, 눅 11:20; 참고. 요일 3:8). 하나님의 아들 예수님은 축귀 사역을 통해 하나님의 왕국이 도래했음을 증언하시며, 그 증거를 본 사람들에게 하나님의 왕국에 동참하여 그 나라의 백성이 되라고 촉구하신다.

4. 가다라 사람들이 하나님의 아들을 배척함

예수께서 귀신을 쫓아내시는 목적은 하나님의 아들이신 예수께서 하나님 왕국을 지상에 세우고 계심을 알리기 위함이다. 오늘 본문은 하나님의 아들을 알아보지 못하는 인간의 우둔함을 악한 영의 알아챔과 대조하여 드러낸다. 본문과 같은 사건을 기록한 마가복음 평행기사(막 5:1-20)는 귀신 들렸다가 고침 받은 자가 예수께서 행하신 일을 전파했을 때에 데가볼리의 "모든 사람이 놀랍게 여겼다"(막 5:20)고 기록함으로써 거라사 지역의 상당수 사람들이 예수께서 행하신 일에 반응했으리라고 짐작케 한다.[14] 반면에 마태복음 기사에

---

13 Morris, *The Gospel of Matthew*, 209.
14 마가복음 5장과 누가복음 8장의 '거라사', 마태복음 8장의 '가다라'라는 지명의 차이에 대한 논의는 본고에서는 생략하며, 공관복음의 기록 모두를 동일한 지역에서의 동일한 사건에 대한 평행기사로 간주하기로 한다. 참고. Donald Rappé, "The Demoniac Story: A Tale of Three Cities," *Bible Today*

서는 가다라의 "온 도시"($\pi\tilde{\alpha}\sigma\alpha~\acute{\eta}~\pi\acute{o}\lambda\iota\varsigma$) 사람들이 예수님을 만나러 와서 그분과 그분이 고치신 사람을 눈으로 보았지만 예수께서 하나님의 아들이심을 깨닫지 못하고 자기들에게 재산상의 피해를 끼친 자라고만 생각했다.

예수님을 믿고 예배하지는 않지만, 악한 영들조차 그분이 어떤 분이신지를 알고 두려워했다. 그런데 가다라 지방 사람들은 예수님을 믿고 따름으로 그분의 제자가 되고 하나님의 왕국에 동참하기는 커녕 그분께 그 지방에서 떠나달라고 요청할 뿐이다(8:34). 마가는 예수님과 복음에 대한 거라사 사람들의 태도를 다소 희망적으로 본 반면, 마태는 악한 영들보다 분별력이 낮은 가다라 사람들의 태도에 대해 안타까운 마음을 가진 것으로 보인다. 예수님은 갈릴리 호수 반대편 이방인들의 지역으로 가셔서 이방인들도 구원하시려는 의지를 나타내셨다. 하지만 가다라의 이방인들은 악한 영들보다 예수님을 더 이해하지 못했다. 물질적 손해를 더 보지 않기 위해 구원의 기회를 거절하는 실망스러운 모습을 보인다. 예수님은 이방인의 구원을 향한 열린 태도를 갖고 계셨으나, 본 사건은 유대인 구원과 마찬가지로 이방인 구원도 많은 저항이 있을 것임을 시사한다.

5. 긍휼의 목자이신 하나님의 아들

가다라 지방 사람들의 무지와 실망스러운 태도를 경험하신 예수님은 다시 본 동네로 돌아와 한 중풍병자를 고치시면서 자신이 죄 사

(2014): 156-61.

함의 권세를 가지셨다고 선포하신다(9:2). 이로 인해 서기관들은 예수께서 신성모독을 하였다 여기면서 마음속으로 비난하는데, 예수님께서는 그들의 생각을 읽으시고 자신이 죄를 사하실 수 있는 권세와 신성을 가지셨음을 간접적으로 나타내신다. 즉 죄를 사하며, 병을 고치시는 하나님의 아들로서의 권세를 가지고 계심을 치유 기적들(9:18-26; 9:27-31; 9:32-34)을 통해 보여주신다.

그리고 마태는 일련의 치유 사건들(8:1-9:34)에 대한 기록을 마무리하면서 다시 예수님의 세 가지 사역을 요약하고(9:35), 예수께서 행하신 치유 행위의 원동력이 무엇인지를 마태복음 9:36에서 소개한다. 그것은 바로 예수님의 '긍휼'의 성품, '불쌍히 여기는 마음'(σπλαγχνίζομαι)이었다. 하나님의 아들이신 예수님은 마태복음 8-9장에서 '긍휼의 목자'이시다. 긍휼은 자기 백성을 구원하러 오신 하나님의 아들(1:21; 2:15)의 사역을 가능케 한 근본적인 동기다. 에스겔 37장에서 마른 뼈처럼 죽어버린 이스라엘을 다시 일으켜서 회복시킨 원동력은 양무리를 불쌍히 여기는 목자이신 하나님의 긍휼이었다.[15] 예수님도 목자의 심장을 가지고 자기 백성을 돌아보시는 긍휼하신 하나님의 아들이다. 이스라엘이 이방인의 땅에 버림을 받는 하나님의 징계의 시간, 열방의 못된 목자들에게 시달림 당하는 징벌의 기간이 끝났다. 하나님께서 보내신 아들 예수는 에스겔 34:23에서 하나님이 보내주마 약속하신 '다윗 혈통의 목자'시다. 선한 목자이신 예수께서는 영적, 육적으로 곤핍하여 방황하는 백성들을 볼 때마다 그들을 불쌍히 여기는 마음을 가지셨다(9:36). 당신의 말씀을 듣고 병 고침을 받기 위해 빈들로 나왔다가 배고파하는

---

15 채영삼, 『마태복음의 이해: 긍휼의 목자 예수』 (서울: 이레서원, 2011), 205-6.

큰 무리를 불쌍히 여기셨고(14:14; 15:32), 여리고에서 눈 뜨기를 원하며 소리 질러 도우심을 구하던 두 맹인을 불쌍히 여겨 고쳐주셨다(20:34). 마태는 마태복음 8:28-34의 축귀 사건을 통해 예수께서 귀신에게는 두려움을 가져다주는 하나님의 아들이시지만, 자기 백성을 향하여는 긍휼의 마음으로 건강과 안식을 주는 하나님의 아들이심을 그려내고 있다.

6. 결론

마태복음 8-9장, 특히 마태복음 8:28-34은 자기 백성을 치유하시며 돌보시는 여호와의 종(사 53:4)이자 다윗 혈통의 목자(겔 34:23)이신 예수님을 그린다. 이 두 개념을 통합하는 핵심적인 칭호는 여전히 '하나님의 아들'이다. 사탄의 수하인 악한 영들도 예수께서 하나님의 아들이시며 자기들을 파멸시킬 권세를 가진 분임을 알아차린다. 하지만, 그들은 예수님을 믿는 믿음이 없으며 자기들을 파멸시킬 것이라는 두려움만을 가질 뿐이다. 그런 점에서 악한 영들은 결코 하나님의 아들의 구원과 긍휼의 대상이 될 수 없다. 그러나 악한 영들의 조종과 괴롭힘을 받던 사람들은 그들을 찾아오신 '하나님의 아드님'께 도움을 요청하면 그분의 구원과 긍휼의 대상이 될 수 있다. 아쉽게도 인간들 중에 찾아오신 하나님의 아들을 인정하지 않고 배척하는 자들이 있다. 마태복음에서 이스라엘의 종교 지도자들이 대표적인 '예수 배척자'인데, 오늘 본문은 경제 논리에 사로잡힌 이방인들도 예수님을 진정으로 알고 믿는 일이 쉽지 않을 것 같다고 말해준다.

7. 적용

하나님의 아들 예수님은 눈에 보이지 않는 영적 세계도 다스리시는 권세를 가지셨다. 악한 영에게 사로잡히거나 괴롭힘 당하는 자들을 해방시키시고 악한 영을 심판하시는 능력을 가지셨다. 오늘날도 악한 영들에게 사로잡히거나 괴롭힘을 당하는 자들이 적지 않다. 과거처럼 오늘도 자기 백성을 치유하시는 하나님의 아들의 능력을 의지하여 그리스도인은 담대하게 악한 영을 물리칠 수 있다. 주의해야 할 점이 있다. 많은 경우에 악한 영의 역사와 정신 질환이 혼재되어 나타난다. 정신과적 상담과 약물치료를 배격하고 오로지 영적 싸움만을 강조하면, 인간이 겪는 문제가 영적인 면뿐만 아니라 물리화학적인 면에서도 비롯될 수 있음을 간과할 위험이 있다.

가다라 지방에서 예수께서 행하신 축귀 기사는 예수께서 하나님의 아들이시라는 사실을 지식으로만 알아서는 충분하지 않음을 잘 보여준다. 예수님에 대한 지식에 있어서는, 많은 사람들보다 악한 영들이 더 나았다. 하지만 예수께서 누구신지 객관적으로 안다고 해서 구원 받을 수는 없다. 하나님은 사람들이 '예수님에 대해' 아는 상태에서 '예수님을' 인격적으로 아는 단계로 나아가길 원하신다. 하나님의 아들에 '대한' 지식이 구원을 주지는 않는다. 그분과의 인격적인 관계가 구원과 평화와 안식을 준다. 하나님의 주권적인 역사가 사람들로 하여금 예수님을 믿게 한다. 그렇다고해서 사람의 결단이 필요 없다는 뜻은 아니다. 예수 그리스도에 대한 지식에 만족하고 그분과의 교제로 들어가지 못한 자들이 주변에 있지 않은가? 예수 그리스도를 인류의 스승으로 알고 있지만 지금 섬겨야 할 구원자이며 사귀어야 할 주님이심은 알지 못하는 자들이 있지 않은가? 우리는 하나

마태가 그린 하나님의 아들, 예수

님의 은혜가 더 많은 사람들에게 부어져 그들이 예수를 아는 '지식'을 넘어 예수님과 '사귐'을 가지게 해달라고 기도해야 한다.

> 그의 아들[=하나님의 아들]에게 입 맞추라.
>
> 그렇지 아니하면 진노하심으로 너희가 길에서 망하리니
>
> 그의 진노가 급하심이라! (시 2:12).

여섯 번째 여행

제자들이 예수님을
하나님의 아들로 고백하다

마태복음 14:22-33

제자들이 예수님을 하나님의 아들로 고백하다

배에 있는 사람들이 예수께 절하며 이르되
진실로 하나님의 아들이로소이다 하더라
[마태복음 14:33]

1. 서론

마태복음 14:22-33은 빈들에서 오천 명을 먹이는 기적을 행하신 예수께서 갈릴리 바다에서 풍랑을 만나 고생하는 제자들을 어떻게 도우셨는지를 기록한다. 이 사건에서 마태는 제자들과 베드로의 반응을 통해 제자도를 가르치고, 제자들을 구하시는 예수님의 모습과 제자들의 고백을 통해 예수께서 누구신지를 가르친다. 이 가르침이 제자도(제자들이 어떤 존재인지), 그리고 기독론(그리스도가 누구이신지) 둘 다를 보여주기는 하지만, 이 이야기의 중심은 기독론으로 보아야한다. 이야기의 마지막(14:33)에 제자들의 기독론적 고백을 통해 예수님께서 '하나님의 아들이심'이 강조되고 있기 때문이다.

2. 평행본문 비교(막 6:45-52, 요 6:15-21)

　마태복음 본문을 살피기 전에 마가복음과 요한복음의 평행본문과 비교가 필요하다. 마가복음 6:45-52도 갈릴리 바다에서 폭풍을 만나 고생하는 제자들을 구하러 예수께서 물 위를 걸어오신다. 하지만 마가복음 본문은 마태복음(14:28-31, 33) 본문과 달리 물 위로 걸어 예수님께 나아간 베드로와 폭풍을 잠잠케 하신 예수님, 그리고 기적을 행하신 예수님에 대한 제자들의 반응을 포함시키지 않는다. 마가복음은 이 기사를 통해서 야웨이신 예수님의 정체성과 제자들의 '믿음 없음'을 말한다.[01] 요한복음 6:15-21도 동일한 사건을 담고 있지만, 마가복음과 마태복음에 비해 매우 간략하다. 하지만 요한은 예수께서 홀로 산에 기도하러 가신 이유를 오병이어 기적을 경험한 군중들이 "자기(예수님)를 억지로 붙들어 임금으로 삼으려는 줄 아시고"라고 제시함으로써 마태와 마가는 주지 않는 정보를 제공한다(요 6:15). 요한복음에서 이 이야기는 제자들을 풍랑에서 건져 안전한 항구로 인도하시는 예수님의 기적과 야웨이신 예수님의 정체성을 여섯 절의 짧은 분량 안에 압축적으로 제시한다.

---

01 마가복음과 마태복음의 차이가 마가복음이 먼저 기록되었고 마태복음이 후에 자신만의 특별한 자료를 추가했기 때문이라고 단정할 수 없다. 학계에서 마가복음 우선설이 다수의 지지를 받고 있지만, 마태복음 우선설도 상당한 논리로 지지를 넓혀가고 있으므로, 다양한 가능성을 열어둘 필요가 있다. 또한 최근 공관복음 생성에 대한 연구에서 인지언어학에 기초한 구전 이론, Q의 존재를 인정하지 않는 마가복음 우선설 등, 다양한 이론들이 제기되고 있다. 그러나 존 S. 클로펜버그 등의 학자들이 Q를 기록된 문서로 여기며, Q의 발전 과정과 그 과정이 보여주는 공동체의 존재까지 주장하는 것은 사상누각, 옥상옥을 짓는 무리한 시도다. 복음서 연구자로서 기억해야 할 것은 공관복음 사이의 관계와 우선성에 대한 문제는 가설(hypothesis)에 불과하며, 불가피하게 작업가설로 하나를 선택하더라도 자신의 가설을 절대시해서는 안 되며, 다른 가설을 무시해서도 안 된다는 점이다.
＊ Q란 '샘'을 뜻하는 독일어 Quelle의 첫 글자인데, 복음서 기초 자료가 되는 문서를 가정해서 그렇게 부른다.

마태복음 14:22-33은 예수님의 기적과 제자들의 반응을 함께 기록함으로써 궁극적으로 예수님의 정체성에 대해 가르치고자 하는 기독론적 이야기로 보아야 한다. 특히 마태는 이야기 종결부에 나오는 제자들의 고백을 통해 예수님께서 '하나님의 아들(the Son of God)이심'을 부각시키는데, 이 주제를 효과적으로 드러내기 위해 본문에서 예수님과 제자들의 상징적인 행동을 제시하며, 또 그들 중 일부는 중요한 구약 구절과 연관시킨다.

3. 이야기를 드라마 구조로 이해하기

조나단 T. 페닝톤은 『복음서 읽기』라는 책에서 복음서를 이루는 개별 페리코피[02]를 하나의 이야기로 이해하며 분석하기 위한 모델을 제시하는데, 이 모델은 고대 철학자 아리스토텔레스(Aristotle)의 『시학』(*The Poetics*)과 19세기 독일의 극작가인 구스타프 프레이태그(Gustave Freytag)의 『드라마의 기술』(*Technique of the Drama*)에 나오는 피라미드 모델에서 발전시킨 것이다.[03] 페닝톤은 한 페리코피가 이야기로서 가진 전형적인 구성을 도식하여 '스토리 라인 전개'[04]라는 분석 모델을 제안하였으며, 아래의 〈표 3〉에서처럼 여러 장면들로 이루어진 한 페리코피가 이야기로서 발전해가는 모습을

---

02 복음서 연구에서 복음서를 이루는 개별 이야기 단락(예를 들어, 예수께서 세례자 요한에게 세례를 받으신 이야기, 오병이어로 오천 명을 먹이신 이야기)을 전문 용어로 '페리코피'(pericope)라고 한다.

03 조나단 T. 페닝톤, 『복음서 읽기: 복음서의 내러티브와 신학적 개론』(서울: CLC, 2015), 389-96.

04 Story Line Development; SLD.

마태가 그린 하나님의 아들, 예수

다섯 단계로 이해하였다.[05]

① 배경과 등장인물들

② 고조되는 긴장

③ 절정

④ 결말

⑤ 이어지는 행동/교훈들

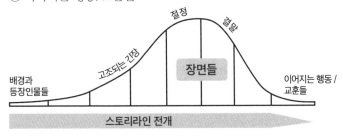

<표 3> '스토리 라인 전개' 모델

　복음서가 담고 있는 모든 이야기의 구성이 '스토리 라인 전개'와
맞아 떨어지지는 않을 것이다. 그러나 복음서가 담고 있는 상당수의
이야기들이 이 모델을 닮아 있고, '물 위로 걸으신 예수님'에 대한 본
페리코피는 이 모델에 잘 들어맞는다. 그러므로 필자는 이 페리코피
가 '하나님의 아들'이신 예수님의 모습을 어떻게 제시하고 있는지를
'스토리 라인 전개'를 따라 살펴보고자 한다.

05 페닝톤, 『복음서 읽기』 393.

4. 배경과 등장인물들(22-23절): 기도하는 하나님의 아들

첫 단계는 본 페리코피의 배경과 등장인물을 소개하는 단계다. 배경은 제자들이 항해하고 있는 갈릴리 바다(22절)와 예수께서 기도하고 계신 산(23절)이다. 요한복음에 의하면 예수께서 군중을 떠나 산으로 피하신 이유는 예수님의 오병이어 기적을 경험한 군중들이 예수님을 억지로 붙들어 임금 삼으려 했기 때문이다(요 6:15). 예수님은 무리와 작별하실 때, 제자들에게 배를 타고 먼저 바다를 건너가 있으라 하셨다. 그러고 나서 예수님은 홀로 산에서 기도하셨다. 아마도 예수님은 사람들의 기대로 인해 하나님의 기대를 저버리지 않도록, 하나님의 뜻에 순종하려는 의지가 사람들의 환호에 의해 흔들리지 않도록 기도하셨을 것이다. 예수님은 하나님의 아들이셨지만, 기도로 마음을 지키셨다. 그리고 기도가 계속되어 날이 저물었다. 그 시간 제자들은 어두운 바다 위를 항해하여 갈릴리 바다 건너편으로 가는 중이었다. 늘 예수님과 함께 다녔던 제자들은, 이 날만은 예수님 없이 자기들끼리만 항해를 하고 있었다.

5. 고조되는 긴장 (24-25절): 물을 밟고 다스리는 하나님의 아들

이 단계(24절)에서는 이 이야기의 긴장이 고조되기 시작한다. 배는 이미 "육지에서 수 리나 떠나서" 있었다. '리(里)'로 번역된 스타디오스(στάδιος)는 약 180미터의 길이다. 본문의 "수 리"라는 단위는 모호한데 반해, 요한복음 6:19는 25 스타디아 혹은 30 스타디아라는 구체적인 수치를 제시한다(한글 성경에는 '십 여 리'로 번역되어 있다). 요한의 기록을 따르자면 제자들은 뭍에서 4.5 km 혹은 5.4 km 정도 떨어져 항해 중이었다. 갈릴리 바다의 가장 긴 폭이 21 킬로미터이고, 가장 짧은 폭이 8 킬로미터이므로, 4.5-5.4 킬로미터는 갈릴리 바다 한가운데라 할 수 있다. 그 때 평온한 바다는 갑작스레 난폭한 바람과 파도를 일으켰다.

밤 사경(새벽 3-6시)에 예수님께서는 산에서 홀로 기도하고 계셨지만, 바람과 파도가 제자들의 배를 위협하고 있음을 아셨다. 참으로 예수님은 전지(全知)하신, 모든 것을 아시는 하나님의 아들이셨다. 예수님은 곤경에 처한 제자들을 구해주려 하셨다. 넓은 갈릴리 호수 어딘가에서 위험에 처해 도움을 갈구하던 제자들의 위치를 정확히 아셨고, "바다 위로 걸어서" 제자들에게 가셨다.

예수께서 바다 위로 걸으신 것은 놀라운 기적일 뿐 아니라, 예수님 자신이 하나님의 아들이심을 나타내신 행동이다. 구약 시대에 야웨께서 행하신 일을 신약 시대에 그분의 아들이신 예수께서 행하고 계심을 보여준 사건이다. 고대 사람들에게 바다는 통제할 수 없는 힘을 가진 공포의 대상이었다. 악한 영들이 바다에 산다고 생각했다.[06] 그래서 구약 곳곳에서 야웨 하나님은 통제할 수 없는 바다를 밟고 다스리는 능력을 가진 분으로 묘사된다.

> 욥기 9:8 그가 ... 바다 물결을 밟으시며
>
> 시편 65:7 (주는) 바다의 설렘과 물결의 흔들림과 만민의 소요까지 진정하시나이다.
>
> 시편 77:19 주의 길이 바다에 있었고 주의 곧은 길이 큰 물에 있었으나

---

06 그랜트 R. 오스본, 『강해로 푸는 마태복음』 (서울: 디모데, 2015), 640.

시편 89:9 주께서 바다의 파도를 다스리시며 그 파도가 일어날 때에
잔잔하게 하시나이다.

예수께서 그렇게 하셨다. 바다를 밟으시고, 바다 물결을 진정시
키셨다. 이외에도 시편 93:4와 107:29, 이사야 43:16과 51:9-10, 하
박국 3:15 등도 바다를 다스리고 그 위에 길을 내고 진군하시는 야웨
의 모습을 보여준다.

마태가 예수께서 물 위를 걸으신 일을 기록한 이유는 그 일이 사
실이었기 때문이기도 하지만 예수님의 신성과 능력을 알려주기 원
했기 때문이기도 하다. 예수님은 악의 상징인 바다 위를 걸으심으로
혼돈의 영들을 제압하시는 하나님의 능력을 가지신 하나님의 아들
이심을 증명하셨다.[07] 또한 예수님께서는 악이 유발한 고통에 신음
하는 자들을 구원하는 하나님의 아들이시다.[08]

6. 절정(26-30절): '야웨'이신 하나님의 아들

이 단계에서 제자들이 겪고 있던 문제가 극대화되는데, 특히 26
절에 와서 이야기는 절정에 이른다. 왜냐하면 제자들이 갈릴리 바다
의 바람과 파도에 시달리고 고통 받는 상황에서, 이제는 바다 위로
걸어오는 유령을 보고 놀라며 무서워서 소리를 지르는 데까지 이른
다. 예수님은 물 위를 걸으심으로 당신께서 야웨의 능력을 가지셨고,
제자들을 능히 구원하실 수 있음을 보여주시지만, 제자들은 예수님

---

07 W. D. Davies and D. C. Allison, *Matthew 8-18*, ICC (London: T&T Clark, 1991), 504.

08 Davies and Allison, *Matthew 8-18*, 504.

을 알아보지 못한다. 예수께서 사랑하는 제자들을 버려두지 않으신다고는 믿지 못했다. 그들을 도우러 오신 예수님을 알아보지도 못하고 도리어 유령으로 오해했다. 예수님과 함께 다니며 그분을 가장 잘 이해해야 할 제자들이 예수님을 알아보지 못하고 예수님의 대적인 악한 영으로 오해했다. 제자들의 무지와 둔감함이 드러났다. 이는 공관복음서 전반에 나타난 제자들의 불신과 실패라는 주제와 연관된다. 공관복음 대부분의 기사들에서 제자들은 예수님의 가르침을 잘 깨닫지 못하고, 예수님을 신뢰하지 못하고, 오해하고, 알아보지 못한다. "마음에는 원이로되 육신이 약하도다"(26:41). 겟세마네 동산에서 예수께서 하신 말씀처럼 참으로 제자들은 예수님을 잘 따르고자 하는 소원은 있었으나 실천에 있어서는 자주 실패하는 모습을 보였다.

그들을 구하러 온 주님을 보고 기뻐하며 안도하기는커녕, 유령으로 여기며 더 놀라고 무서워 소리를 지르는 제자들의 모습은 예수께서 기대했던 모습은 아니었을 것이다. 하지만 예수님께서는 제자들을 책망하지 않으신다. 구원자를 위해자로 오해하여 기쁨 대신 공포로 절규하는 제자들을 가엽게 여기시고 그들을 안심시키신다. "안심하라. 나니 두려워하지 말아라!"(27절).

여기서 "나다!"(ἐγώ εἰμι)라는 말씀은 두 가지 의미가 가능하다.[09] 첫째, 제자들의 오해를 풀어주는 말씀이다. 그들에게 다가가고 있는 존재가 유령이 아니라 예수이심을 확인시켜주려는 말씀이다. 둘째, 신학적인 의미를 담은 심오한 말씀이다. 즉 구약에서 야웨께서 족장들에게 자신을 드러내시는 신현(神現, epiphany)의 말씀과 같다(창 15:1; 26:24; 31:13; 46:3). 특별히 출애굽기 3:14에서 모세에게 "나는

---

09 여기 ἐγώ εἰμι의 이해에 대한 견해는 오스본, 『강해로 푸는 마태복음』 640을 따랐다.

스스로 있는 자", 3:15에서 '야웨'(YHWH)[10]라고 말씀하신 바를 상기시키신다는 해석이다.

출애굽기 3:14의 칠십인경(LXX) 본문은 ἐγώ εἰμι ὁ ὤν(에고 에이미 호 온)으로서 마태복음 14:27에서 예수께서 제자들에게 ἐγώ εἰμι("나다!")라고 말씀하신 것을 읽은 독자가 충분히 떠올릴 수 있는 구절이다. 예수께서 고난에 처한 제자들을 구원하러 오셔서 모세에게 나타나신 하나님의 이름 '야웨'를 상기시키셨다.

과거 야웨께서 이집트의 속박에서 이스라엘을 구원하신 것처럼 지금 예수님도 야웨의 능력으로 죄와 악의 속박에서 신음하는 제자들과 새 언약백성을 구원하신다는 사실을 계시하시기 위해서이다. 더 나아가 "에고 에이미"의 말씀은 "내가 바로 야웨다"라는 예수님 자신의 신성에 대한 과감한 선언이다(참조. 요 10:30). "나는 …이다"라는 "에고 에이미"의 어록이 많이 등장하는 요한복음이 사복음서 중에 예수님의 신성을 가장 강조하는 고기독론[11]을 담고 있음은 우연이 아니다.

예수께서 야웨의 능력으로 구원하시며 심지어 자신을 야웨로 밝히시는 선언 앞에서, 베드로는 "주여, 만일 당신이시거든"(κύριε εἰ σὺ εἶ)[12] 물 위로 오라 명하시길 간청한다(28절). 예수께서 허락하시기에 베드로는 잠시 물 위로 걸어갔으나(29절), 바람을 보고 무서워하였고 바로 바다에 빠져 들기 시작했다. 처음 예수님을 유령인 줄 알

10 흔히 '신명사문자'(神名四文字, tetragrammaton)라고 한다.

11 고기독론(高基督論, High Christology): 예수님은 사람으로 오시기 전에도 하나님의 아들로 계셨으며, 지상에 성육신하셔서 사역을 마치시고 죽으시고 부활, 승천하셨다고 보는 기독론. 저기독론(低基督論, Low Christology): 예수님은 우리와 같은 인간이시며, 탁월한 교사 혹은 선지자인데 부활 후 하나님의 아들로 승격되었다고 보는 기독론.

12 개역개정의 번역 "주여, 만일 주님이시거든"은 정확하지 않으며, "주여, 만일 당신이시거든" 혹은 "주여, 당신이시므로"라고 번역해야 한다.

고 소리 질렀던 베드로는 다시 소리를 질렀다(30절. 참조. 26절). "주여, 나를 구원하소서!" 26절에서 제자들이 지른 소리는 예수님을 오해하여 지른 소리였다. 하지만 30절의 소리는 예수님을 구원자로 바르게 알고서 도움을 청하는 소리다. 물을 밟고 다스리며, 언약백성을 구원하신 야웨의 능력을 가지신 예수님은 참으로 우리가 구원을 요청해야 할 대상이시다. 베드로가 두려움을 이기고 불가능한 일을 시도한 것은 좋았으나, 위협적인 상황을 보고 야웨의 현존이시며 야웨의 능력을 가지신 하나님의 아들에 대한 믿음이 약해졌다. 마태는 베드로를 열한 제자들보다 뛰어나다고 그려냈다기 보다는 열두 제자의 대표이며 작은 믿음의 전형으로 그리고 있다.

아직 풍랑은 계속되고 있고, 예수님께 나아가려던 베드로는 물에 빠져들어 가고 있다. 풍랑으로 흔들리는 배에서 열한 제자의 비명은 지속되고 있고, 베드로도 예수님을 향해 도움을 구하며 소리 지르고 있다. 위기가 절정에 달했고, 제자들은 생사의 기로에 서 있다. 이 상황을 타계할 수 있는 방법은 무엇인가? 분명한 것은 이 상황은 제자들의 능력이 아니라 예수님의 능력으로 해결될 수 있다는 사실이다.

7. 결말(31-32절): 믿음이 작은 제자들을 구원하는 하나님의 아들

본 단계는 풍랑과 유령(?)의 등장으로 인해 고통과 두려움에 사로잡힌 베드로와 제자들의 문제를 예수님께서 해결해주시는 단계다. 베드로의 구조 요청을 들으신 예수님은 '즉시'(유떼오스, εὐθέως) 손을 내밀어 물에 빠져가는 베드로를 붙잡아주신다. 베드로는 즉시 위기를 벗어난다(31절). 그리고 예수님과 베드로가 함께 배에 올랐을 때,[13] 풍랑을 일으킨 거센 바람이 순식간에 그쳤다(32절). 예수님은 야웨의 능력으로 물을 제압하시고 제자들과 함께 계심으로써 베드로와 제자들을 위험에서 구원해 주셨다.

베드로는 예수님을 의지하여 물 위를 걸어 주님께 나아가려 했다가 의심하여 물에 빠지게 되었다. 그러한 베드로를 예수님은 "믿음이 작은 자여"(ὀλιγόπιστε)라 부르시며 책망하신다. 베드로의 믿음은 물 위로 걸을 만큼은 되었으나 바람을 이겨내지는 못한 믿음이었다. 예수께서 함께 계시면 어떠한 일도 가능함을 믿어야했는데, 모든 제자들의 대표인 베드로의 믿음은 예수님의 기대에 미치지 못하였다. 그래서 "믿음이 작은 자"(6:30, 8:26, 14:31, 16:8, 17:20)라고 책망 받았다. 하지만 예수님은 작은 믿음 때문에 제자들을 책망하실지언정 그들을 외면하시진 않는다. 작은 믿음을 가진 제자들이지만 그들을 사랑하시고 구원하신다. 그들이 큰 믿음을 갖기 원하시는 것은 예수님 당신만을 위해서가 아니라 그들을 위해서이다. 그러므로 믿음이 부족해도 예수님은 믿음의 존재 자체를 인정해주시며 구원의 손길을 모자람 없이 베푸시는 하나님의 아들이시다.

8. 이어지는 행동/교훈들(33절): 경배 받으시는 하나님의 아들

이번 단계는 예수 그리스도께서 그들을 구해주심으로 문제가 해결되어 결말에 이른 이야기가 '이어지는 행동'과 '교훈'으로 마무리

---

13 헬라어 원문에서 *ἀναβάντων αὐτῶν εἰς τὸ πλοῖον*라는 절대속격 분사구문(genitive absolute)으로 되어 있으며 시간을 나타낸다. 직역하면 "그들이 배에 올랐을 때"이다. 문법적 설명은 대니얼 월리스, 『월리스 중급 헬라어 문법』 (서울: IVP, 2019), 357을 보라.

되는 단계다. 혼돈의 바다에서 고통 받던 제자들은 예수님의 '오심'과 '함께 하심'을 통해 건짐 받았다. 그제야 제자들은 예수께서 누구신지를 다시 기억하고 경배(προσεκύνησαν)와 "진실로 당신은 하나님의 아들이십니다"(33절)라는 고백을 통해 주님에 대한 믿음을 표현한다. 경배를 표현하는 동사 프로스퀴네오(προσκυνέω)는 문자적으로는 '절하다'는 뜻이지만, "나다(I am)"라는 신현(神顯, theophany, 27절)과 "하나님의 아들이십니다"라는 기독론적 고백(33절)의 맥락에서 볼 때, 본 페리코페에서는 단순히 '경의를 표하다'는 뜻이 아니라 '(하나님을) 경배하다'는 의미임이 분명하다.[14] 제자들이 가진 믿음은 '작은 믿음'에 불과했지만, 예수님과 함께 할 때에 그 믿음은 위대한 경배와 위대한 고백을 이끌어냈다. 베드로가 예수님께 도움을 구하며 외쳤다는 점에서 이 '작은 믿음'은 분명히 '믿음'이며 불신이 아니다. 다만 이 '작은 믿음'은 두려움을 극복하게 할 만큼 충분치는 않은 믿음이었다.[15] 물리적으로 예수님과 떨어져 있을 때 그들은 예수님을 오해하고 의심하였다. 하지만 예수님과 함께 할 때 그들은 예수께서 누구신지를 깨달았고 그분께 경배하였고 그분을 '하나님의 아들'로 고백하였다.

여기 마태복음 14:33에서 제자들이 예수님을 '하나님의 아들'로 고백한 것은 유대인 제자들로 이루어진 최초의 신앙 공동체의 고백을 반영한다. 그리고 뒤에 마태복음 27:54에 나오는 백부장의 고백("이분은 진실로 하나님의 아들이었습니다")은 이후 유대인 중심의 신앙 공동체에 합류한 이방인 신자들의 고백을 반영한다. 더구나 이 두 고백 안에서 "진실로"(ἀληθῶς)라는 강조의 부사가 사용된 것과 '하

---

14 R. T. France, *The Gospel of Matthew*, NICNT (Grand Rapids: Eerdmans, 2005): 603.

15 오스본, 『강해로 푸는 마태복음』 642.

나님의'(θεοῦ)를 '아들'(υἱός) 앞에 위치시킨 "하나님의 아들"(θεοῦ υἱός)이라는 표현은 예수님의 신성을 강조하는 마태의 의도로 읽어야 한다.[16] "당신은/이분은 진실로 하나님의 아들입니다"라는 고백은 마태복음이 우리에게 전해주는 소중한 '교회의 고백'이다.[17]

9. 결론

본 페리코피는 전형적인 이야기 전개 방식을 따른다. 마태는 이야기의 각 단계를 통해 점점 커져가는 제자들의 문제가 예수님의 개입을 통해 어떻게 해결되는지를 보여준다. 그리고 마지막 단계인 '이어지는 행동/교훈들'에서 문제가 해결된 등장인물들의 '이어지는 행동'과 독자들을 위한 '교훈들'을 제시한다. 열두 제자는 멀리서 고난당하는 자신들의 상황을 아시며, 물 위를 걸으시고, 풍랑을 제압하시고, 당신 안에서 야웨의 현존을 나타내시며, 악한 세력이 주는 환난에서 구원하시는 예수님을 경험했다. 이 경험 후에 그들은 야웨께만 드려온 경배를 예수님께 드리지 않을 수 없었다. 제자들은 하나님께서 예수님께 사용한 칭호, "나의 아들"(마 3:17, 17:5)을 받아서 제자들도 예수님을 '하나님의 아들'로 고백하였다. 마지막 단계에서 마태는 단순히 예수님을 향한 제자들의 고백을 전달하는 데 그치지 않는다. 그는 오고 오는 세대의 모든 독자들이 예수님을 하나님의 아들로 고백해야 한다고 도전하고 있다. 예수님께서 '하나님의 아들이심'은

---

16 Robert H. Gundry, *Matthew: A Commentary on His Handbook for a Mixed Church under Persecution*, 2nd ed. (Grand Rapids: Eerdmans, 1994), 301.

17 Davies and Allison, *Matthew 8-18*, 510.

마태가 그린 하나님의 아들, 예수

단순히 지식으로 그쳐서는 안 되며, 그분을 참되게 믿고 깨달은 자들이 반드시 입술로 고백해야 한다(참조. 마 16:16; 27:54).

10. 적용

예수님은 사랑하는 백성, 자녀가 환난 중에 신음하는 소리를 멀리서 들으시고 가까이 찾아오시는 분이시다. 예수께서 우리를 도우러 오셨음을 깨닫지 못하고 계속해서 두려워하며, 그분을 알아보지 못하는 어리석음을 범치 말아야 한다. 베드로는 예수님을 알아보고 물 위를 걸어 그분께 나아가는 용기를 냈다. 그러나 충분치 않은 '작은 믿음'은 바다 위를 걷던 그의 발을 물속에 빠지게 하였다. 베드로의 용기가 우리에게 도전을 주기는 하지만, 마태는 베드로의 용기보다는 그의 작은 믿음에도 불구하고 그를 건지시는 예수님의 긍휼하신 손길을 더 강조한다.

제자들이 탄 배는 교회에 비유될 수 있다. 그렇다면 오늘 본문은 교회를 대적하는 악한 영적 세력의 손에서 교회를 지키시고 돌보시는 예수님의 능력과 사랑을 보여준다. 우리가 명심해야 할 것은 예수님의 능력은 천지를 창조하신 야웨 하나님의 능력이며, 그분의 사랑은 죄에 빠진 인류를 건지기 위해 유일한 아들을 보내신 야웨 하나님의 사랑이라는 사실이다. 우리는 야웨 하나님의 능력과 사랑과 동등한 예수님의 능력과 사랑을 의심하며 그분의 보호와 구원에 대해 온전한 믿음을 갖지 못할 때가 많다. 하지만 예수님은 우리의 '작은 믿음'이 성장하길 기다려 주실 뿐 아니라, 우리의 '작고 초라한 믿음'을 부끄럽게 하는 '크고 놀라운 사랑'으로 늘 응답하신다.

기독교 신앙은 우리가 무엇을 어떻게 행했는가와 우리가 어떤 존재인가에 근거하지 않고, 오직 예수 그리스도께서 죄의 굴레에 묶인 우리를 위해 무엇을 하셨는가에 온전히 의존한다. 윌리엄 틴데일(William Tyndale, 1494-1536)은 1523년 자신의 신약성경 번역 서문에서, "기독교는 선하고 유쾌하고 즐겁고 기쁜 복음이다. 사람의 마음을 즐겁게 하고, 노래 부르고 춤추고 기쁨으로 뛰게 한다"라고 썼다.[18] 본문에 나타난 예수님의 모습은 기독교가 왜 '좋은 소식'(福音, εὐαγγέλιον)인지를 분명히 보여준다.

---

18 틴데일의 말은 Michael Reeves, "Why the Reformation Still Matters," *Tabletalk Magazine* (Sanford, FL: Ligonier Ministries, 2017), 7에서 인용함.

일곱 번째 여행

베드로가 예수님을
하나님의 아들로 고백하다

마태복음 16:13-20

베드로가 예수님을
하나님의 아들로 고백하다

시몬 베드로가 대답하여 이르되
주는 그리스도시요 살아 계신 하나님의 아들이시니이다
[마태복음 16:16]

1. 서론

시몬 베드로가 예수님을 '그리스도'시며 '살아계신 하나님의 아들'이라고 고백한 이 일은 마태복음의 고기독론을 보여주는 좋은 예다. 마태는 예수님께서 유대인들이 구약의 예언과 약속을 따라 기다려온 메시아(=그리스도)요 유대인들이 섬겨온 살아계신 하나님의 아들이라고 베드로를 통해 선언한다.[01] 마태복음 1장부터 지금까지 예

---

01 이 책과 본 장에서 "마태가 본문을 이렇게 보았다" 혹은 "마태가 베드로를 통해 …라고 선언한다"는 문장은 역사적 인물인 베드로의 관점과 마태복음의 저자인 마태의 관점이 일치한다는 필자의 입장을 보여준다. 성령의 영감으로 마태복음을 기록한 마태는 성령의 조명을 통해 베드로의 사고 과정을 추적할 수 있었고 구약의 어느 구절의 영향을 받아 신앙 고백을 하였는지를 깨달을 수 있었다고 본다. "베드로가 하나님의 계시를 통해 신앙고백을 했다" 해도 그 순간 그의 이성적 사고가 중지되었다는 뜻은 아니다. 성경 인물이 하나님께 계시를 받아 발언한 경우 중에 100퍼센트 무아지경에서 이루어진 것도 있겠지만, 성령의 조명과 그의 이성적 사고가 합력하여 발언한 경우가 더 많을 것이

수님의 정체성에 대한 사람의 고백 가운데 마태복음 14:33에 나오는 제자들의 고백("진실로 하나님의 아들이로소이다")이 가장 높은 수준이었다. 베드로는 이 제자들의 고백에서 더 나아가 '그리스도'와 '하나님의 아들'을 종합한다. 그리고 한 걸음 더 나아가 단순히 '하나님의 아들'이 아닌 '살아계신 하나님의 아들'이라고 말함으로써 마태복음에서 예수님의 신성에 대해 최고 수준의 고백을 하고 있다.

베드로의 고백이 있었던 가이사랴 빌립보는 로마의 정치적 영향이 큰 도시이며 동시에 그리스 신 판(Pan) 숭배에 열정적인 도시였다. 주전 20년 아우구스투스(개역개정에는 아구스도, 눅 2:1) 황제가 헤롯 대왕에게 파네아스 지역의 도시를 주었고, 헤롯 대왕은 이 도시에 로마 황제를 위해 대리석으로 된 웅장한 신전을 지었다. 후에 헤롯 대왕의 아들이자 드라고닛의 분봉왕인 헤롯 빌립이 이 도시를 이어 받아 확장하였고 아우구스투스의 영광을 위해 아예 도시 이름을 가이사랴로 붙였다. 주후 1세기 사람들은 지중해를 끼고 있는 항구 도시 가이사랴 마리티마와 구분하기 위해 이 도시를 '가이사랴 빌립보'라 불렀다.[02]

로마 황제는 로마 제국을 통치함으로써 신들의 뜻과 능력을 대행하는 존재(agent)로 추앙받았다.[03] 황제 숭배의 신전이 있던 도시이므로 황제의 권세와 위엄은 대단할 수밖에 없었다. 그러므로 베드

다. 예를 들어 요한은 자신이 기록한 요한계시록을 '계시'($\dot{\alpha}\pi o\kappa\dot{\alpha}\lambda\nu\psi\iota\varsigma$)라 명명하지만 22장에 걸친 긴 내용을 기록할 때에 그가 늘 무아지경 상태였다고 보는 것보다는 성령의 조명과 그의 이성적 사고가 합력했다고 보는 것이 더 타당할 것이다. 개혁주의적 성경관이 "기계적 영감설"보다 "유기적 영감설"을 더 선호하는 것도 이와 같은 맥락이다.

02 John Kutsco, "Caesarea Philippi," *The Anchor Yale Bible Dictionary* (New York: Doubleday, 1992), 1:803.

03 Warren Carter, *Matthew and the Margins: A Sociopolotical and Religious Reading* (Maryknoll, NY: Orbis, 2000), 332.

로가 가이사랴 빌립보의 정치, 종교적 배경을 염두에 두고 예수님을 '하나님의 아들'이라고 불렀다면, 그는 로마 황제가 아니라 예수께서 진정한 하나님의 대행자이며 하나님과의 친밀한 교제를 나누는 분이라고 주장한 셈이다.[04] 또한 팍스 로마나(Pax Romana, '로마의 평화')로 불리는 로마 황제의 통치가 아니라 예수 그리스도의 통치가 세상에 진정한 평화를 가져다 줄 수 있다고 고백한 것이다.

하지만 베드로의 기독론적 고백의 의미를 더 깊이 이해하려면 정치적인 배경과 종교적 배경만으로는 부족하다. 정치, 종교적 배경은 이 고백의 의미에 큰 울타리를 쳐줄 수는 있지만, 더 세밀한 의미를 알기 위해서는 본문(16:13-20)과 관련한 구약 본문의 연구가 필요하다. 우리는 베드로가 예수님을 "살아계신 하나님의 아들"이라고 고백한 그 의미를 구약 호세아서와 관련해 살펴보려 한다.

2. 백성들의 잘못된 기독론

예수님은 사람들이 '인자'(人子)인 자신을 누구라고 말하는지 물으신다(16:13). 인자는 예수님 생애의 다양한 측면을 포괄하는 칭호로서, 죄를 사하는 권세를 가지셨고(9:6), 장차 다시 오실 것이고(10:23), 죄인들의 친구가 되셨고(11:19), 안식일의 주인이시고(12:8), 죽으시고 부활하실(12:40) 분이심을 보여준다. 이러한 인자이신 예수께서 사람들은 자신을 어떤 분으로 이해하고 있는지 물으신다. 제자들은 세례 요한, 엘리야, 예레미야, 선지자 중 하나로 보고 있다고 답한다(16:14).

---

04 Carter, *Matthew and the Margins*, 332.

마태가 그린 하나님의 아들, 예수

사람들이 예수님을 세례 요한으로 생각한 것은 이해할 만하다. 세례 요한은 등장하자마자, "회개하라 천국이 가까이 왔느니라"고 선포했다(3:2). 그리고 회개하는 사람들에게 세례를 주었다(3:6). 이후 세례 요한은 헤롯 안티파스의 죄를 지적했다는 이유로 투옥되었으며(11:2), 헤로디아의 모략으로 헤롯 안티파스의 손에 순교했다(14:1-12). '천국의 도래'와 '회개'에 대한 메시지는 예수님과 세례 요한이 같았기에(3:2; 4:17), 사람들이 예수님을 세례 요한의 환생이라고 볼 가능성이 있었다(헤롯 안티파스도 같은 생각을 했다. 마 14:2). 사람들 가운데 일부는 예수님을 엘리야로 여겼다. 엘리야가 메시아보다 미리 와서 길을 예비할 것이라는 말라기 선지자의 예언이 있었다(말 3:1; 4:5-6). 예수님도 오리라 한 엘리야의 존재를 인정하셨고, 그는 세례 요한이라 하셨다(11:9-14; 참고. 눅 1:17). 회개의 메시지와 함께 기적을 행한 예수님은 사람들에게 종말의 엘리야를 떠올리게 했던 것 같다.[05] 예레미야는 이스라엘의 미래를 비관적으로 예언했고 이로 인해 고난을 겪었기 때문에 예수님의 사역과 매우 닮았다.[06] "선지자 중에 하나"는 아마도 신명기 18:15-18에 나타나는 "나(모세) 같은 선지자"를 가리키는 것으로 보인다.[07] 당시 사람들은 에녹이나 멜기세덱 같은 위대한 구약의 선지자들이 종말 직전에 다시 나타나리라고 생각하고 있었다.[08] 사람들의 이러한 생각과 예수님의 정체성 간에 교집합을 이루는 부분도 있었을 것이다. 하지만 예수님은 이러한 견해들에 만족하지 않으시며, 제자들이 사람들보다 더 나

---

05 강대훈, 『마태복음 주석 (하)』 100.

06 D. A. Carson, "Matthew," in *The Expositor's Bible Commentary: Matthew & Mark*, Vol. 9, eds. Tremper Longman III & David E. Garland (Grand Rapids: Zondervan, 2010), 416.

07 그랜트 R. 오스본, 『강해로 푸는 마태복음』 (서울: 디모데, 2015), 697.

08 Donald A. Hagner, *Matthew 14-28*, WBC 33B (Dallas: Word, 1998), 467.

은 견해를 가지고 있는지를 물으신다. "사람들의 생각은 잘 들었는데 만족스럽지 않구나. 그러면 너희는(ὑμεῖς δὲ) 내가 누구라고 말하겠느냐?"(16:15의 의역).

3. 베드로, 그리고 다른 제자들의 하나님의 아들 기독론

예수께서 제자들에게 하신 질문에 베드로가 나서서 대답했다. 베드로는 단순히 개인의 생각을 말했다기보다 제자들의 생각을 대표로 말한 것이다. 그의 고백은 이러했다. "당신은 그리스도, 살아계신 하나님의 아들입니다"(σὺ εἶ ὁ χριστὸς ὁ υἱὸς τοῦ θεοῦ τοῦ ζῶντος). 베드로가 예수님을 "살아계신 하나님의 아들"이라 고백할 수 있었던 것은 그의 지성이나 영적 감각이 뛰어나서가 아니었다. 베드로가 예수님을 그리스도요 하나님의 아들로 이해한 깨달음은 혈육이 가르쳐 주지 않았다. 성부께서 주신 계시 덕분이었다(16:17). 이 깨달음은 인간 베드로의 내면에서 절로 일어난 것이 아니라 성부께서 주신 선물이었다. 그래서 예수님은 베드로에게 "네가 복이 있도다"(μακάριος εἶ, 16:17)라고 말씀하셨다.[09] 마태복음 안에서 인간이 예수님을 '하나님의 아들'로 깨닫는 것은 평범한 일이 아니다. 마태복음 14:33에서 제자들은 갈릴리 바다에서 풍랑을 만나 죽을 뻔했다가 예수께서 그것을 잠잠케 하시는 놀라운 경험을 한 후에 "참으로 당신은 하나님의 아들이십니다"(ἀληθῶς θεοῦ υἱὸς εἶ)라는 고백을 했다. 이것은 출애굽기 3:14에서 야웨 하나님이 자신을 드러내신 표현

---

09 Daniel J. Saunders, "Confession of Peter," *TS* 10 (1949): 532.

인 "나다!"(I am, ἐγώ εἰμι)[10]라는 말씀을 예수께서 하실 때 제자들이 하나님의 현현(epiphany)을 경험함으로써 터져 나온 고백이었다. 마태복음 27:54에서 백부장은 예수님의 죽으심과 관련한 초자연적 현상들을 보고서 "이분은 진실로 하나님의 아들이십니다"(ἀληθῶς θεοῦ υἱὸς ἦν οὗτος)라고 고백하였다. 이것도 하나님이 초자연적 현상을 통해 그들을 압도하시고 감동시키시고 계시를 주심으로써 말하게 하신 고백이었다. 마찬가지로 베드로의 기독론적 고백도 마태복음 14:33과 마태복음 27:54처럼 성부 하나님이 사람의 지성을 넘어서는 초자연적 계시를 베드로에게 주신 덕분에 가능했다. 성부는 열두 제자들의 대표인 베드로를 통해 예수님의 많은 정체성 중 '하나님의 아들', 특히 '살아계신 하나님의 아들'로서의 정체성을 열두 제자들이 주목하기 원하신 것이다.

예수님을 '하나님의 아들'로 고백하는 것은 마태복음의 다른 구절들처럼 예수님을 하나님과 특별하고 친밀한 관계를 나누는 신적 존재로 제시하는 것이다. 동시에 이것은 앞의 '그리스도'라는 칭호와 연결되어 메시아라는 의미를 담는다. 즉 이스라엘의 회복과 구원이라는 사명을 이루기 위해 하나님이 보내신 자라는 뜻이다. 그리고 단순히 '하나님의 아들'이 아니라 '살아계신' 하나님의 아들이라고 예수님의 정체성을 고백한 이유는 다른 이방 신들은 실재하는 신이 아니며, 하나님만이 홀로 살아계신 진정한 신이심을 고백하는 의미가 기본적으로 담겨 있다.[11]

---

10 개역한글과 개역개정에는 "나는 스스로 있는 자"로 번역되어 있다.

11 W. D. Davies and Dale C. Allison, *Matthew 8-18*, ICC (London: T&T Clark, 1991), 620-21; 강 대훈, 『마태복음 주석 (하)』 102.

4. 마태복음 16:16에 나타나는 호세아 1:10 암시

하지만 이것이 저자 마태와 베드로가 의도하고 있는 의미의 전부는 아니다. 마태복음 16:16의 "살아계신 하나님의 아들"(ὁ υἱὸς τοῦ θεοῦ τοῦ ζῶντος)에 담겨 있는 의미를 더 잘 이해하려면, 이 구절이 암시하는 구약 호세아 1:10을 살펴야 한다. 호세아 1:10(70인경에는 2:1)에는 "살아계신 하나님의 아들들"(υἱοὶ θεοῦ ζῶντος)이라는 문구가 등장하는데,[12] 두 본문의 단어 사용이 매우 닮았다는 점에서 마태, 그리고 베드로가 호세아서의 영향을 받았을 가능성이 높다.[13] 물론 둘 사이에 차이점은 있다. 마태복음은 '아들'이라는 단수를, 호세아서는 '아들들'이라는 복수를 사용한다. 그리고 원어로는 마태복음은 정관사를 사용하지만, 호세아서는 사용하지 않는다. 하지만 이러한 차이점이 마태복음 16:16과 호세아 1:10이 닮았다는 사실을 부정할 정도는 아니다. 마태는 마태복음 여러 곳에서 호세아서를 친숙하게 인용한다. 마태복음 9:13과 12:7은 "나는 자비를 원하고 제사를 원하지 아니하노라"(호 6:6, 70인경)는 말씀을 인용한다. 이 두 경우에 마태복음은 선지자의 이름을 말하지 않고 인용하는데, 마태복음의 독자들이 호세아서를 잘 알고 있었기 때문일 것이다.[14] 또 마태복음 2:15도 호세아 11:1을 인용하면서도 '호세아'라는 이름을 거론하지 않고 '선지자'라고만 칭하는데, 이것 역시 독자들이 호세아서

---

12 "그러나 이스라엘 자손의 수가 바닷가의 모래 같이 되어서 헤아릴 수도 없고 셀 수도 없을 것이며 전에 그들에게 이르기를 너희는 내 백성이 아니라 한 그 곳에서 그들에게 이르기를 너희는 살아 계신 하나님의 아들들(υἱοὶ θεοῦ ζῶντος)이라 할 것이라."(호 1:10)

13 Mark J. Goodwin, "Hosea and 'the Son of the Living God' in Matthew 16:16b," *CBQ* 67 (2005): 272. 본 장은 마크 굿원의 아티클의 아이디어를 많이 참조하였다.

14 Goodwin, "Hosea and 'the Son of the Living God' in Matthew 16:16b," 273.

에 친숙했다는 증거가 될 수 있다.[15] 마태복음 16:16이 호세아 1:10의 영향을 받았다는 또 하나의 증거가 있는데 바로 "살아계신 하나님의 아들들"이라는 표현이 마태복음 이전의 신약성경과 유대 문서들에서 사용되었다는 사실이다(롬 9:26; 주빌리 1:25; 마카비3서 6:18; 요셉과 아스낫 19:8).[16] 따라서 호세아 1:10이 마태복음 16:16에 영향을 주었을 가능성은 상당히 높다.

호세아 1:10은 지금 "하나님의 백성이 아니라"(로-암미)고 거절 당한 상태, 즉 하나님의 심판 아래 있는 이스라엘이 장차 "살아계신 하나님의 아들들"(베네이 엘-하이)이라 불리며 회복될 때가 올 것이라 예언했다. 그리고 마태복음은 호세아 1:10이 바라본 회복의 때가 예수님과 함께 왔다고 이해한다. 살아계신 하나님이 이스라엘을 회복하실 거라는 호세아의 약속은 예수님을 통해 성취된다. 이렇게 이해하면서, 마태복음은 이스라엘에 대한 호세아의 예언을 예수님에 대한 기독론적 선언으로 전환시킨다. 즉 마태복음은 '이스라엘의 아들 됨'이라는 호세아서의 본래 의미를 '예수님의 아들 됨'으로 전환시킨다.[17] 마태복음 곳곳에서 이스라엘의 '아들 됨'이 예수님의 '아들 됨'으로 전환되며(2:15; 4:1-10), 예수께서 이스라엘의 대표요 이스라엘 역사를 요약하는 분이시므로 이러한 기독론적 전환은 충분히 가능하다.[18] 그러나 마태복음이 기독론을 강조했다고 해서 호세아서 본문의 공동체적 의미를 무시했다고 보아서는 안 된다. 마태복음의 기독론적 전환에서 '아들'이라는 단수를 사용했지만, 호세아서의

15 Goodwin, "Hosea and 'the Son of the Living God' in Matthew 16:16b," 273.

16 Goodwin, "Hosea and 'the Son of the Living God' in Matthew 16:16b," 274.

17 Goodwin, "Hosea and 'the Son of the Living God' in Matthew 16:16b," 278.

18 Goodwin, "Hosea and 'the Son of the Living God' in Matthew 16:16b," 278.

'아들들'이라는 복수가 가졌던 "공동체적 중요성"을 유지하고 있다.[19] 마태복음은 호세아서의 교회론적 바탕 위에 기독론을 펼치고 있는 것으로 보아야 한다. 그렇다면 베드로의 고백은 "살아계신 하나님이 이스라엘을 회복하기 위해 행동하시리라는 호세아서의 약속이 예수님을 통해 성취될 것"임을 보여준다고 할 수 있다.[20]

5. '하나님의 아들'이 세우는 '하나님의 아들들'의 공동체

신약 성경에서 '살아계신 하나님'이라는 표현은 하나님이 기독교 공동체를 창조하시는 행동과 연관되어 나타난다(고후 6:16; 딤전 3:15).[21] 구약에서도 '살아계신 하나님'이라는 표현은 하나님이 자기 안에 생명을 소유하시며, 자기 자신이 생명이시며, 사람들에게 생명을 주시는 유일한 존재이심을 의미한다(시 42:2; 84:2).[22] 호세아 1:10의 '살아계신 하나님'도 분명히 생명을 주시는 하나님의 속성을 나타낸다.[23] 그러므로 신구약의 맥락 안에서 이해할 때 베드로가 말한 '살아계신 하나님'은 구약의 하나님이 자기 안에 생명을 소유하시며, 자기 자신이 생명이시며, 생명을 사람들에게 주시는 유일한 존재

---

19 Goodwin, "Hosea and 'the Son of the Living God' in Matthew 16:16b," 278.

20 Goodwin, "Hosea and 'the Son of the Living God' in Matthew 16:16b," 278.

21 "하나님의 성전과 우상이 어찌 일치가 되리요 우리는 살아 계신 하나님의 성전이라 이와 같이 하나님께서 이르시되 내가 그들 가운데 거하며 두루 행하여 나는 그들의 하나님이 되고 그들은 나의 백성이 되리라"(고후 6:16). "만일 내가 지체하면 너로 하여금 하나님의 집에서 어떻게 행하여야 할지를 알게 하려 함이니 이 집은 살아 계신 하나님의 교회요 진리의 기둥과 터니라"(딤전 3:15).

22 Davies and Allison, *Matthew 8–18*, 621. "내 영혼이 하나님 곧 살아 계시는 하나님을 갈망하나니 내가 어느 때에 나아가서 하나님의 얼굴을 뵈올까"(시 42:2). "내 영혼이 여호와의 궁정을 사모하여 쇠약함이여 내 마음과 육체가 살아 계시는 하나님께 부르짖나이다"(시 84:2).

23 Duane A. Garrett, *Hosea, Joel*, NAC 19A (Nashville: B&H, 1997), 72.

이심을 나타낸 말이다.[24] 그렇다면 마태, 그리고 베드로는 예수님을 이스라엘의 회복과 갱신을 꿈꾼 호세아의 비전(호 1:10)을 성취하시며 "하나님의 생명을 나눠 주시는 분"으로 고백하고 있다.[25] '하나님의 아들'은 생명 나눔을 통해 '하나님의 아들들'의 공동체, 즉 교회(ἐκκλησία)를 창조한다. 그 결과 살아계신 하나님의 아들들은 살아계신 하나님의 아들의 영광을 누릴 수 있는 자격을 얻었다.

베드로의 고백의 초점은 기독론에 있지만, 호세아가 제공하는 교회론이 그 초점의 배경을 이룬다. 베드로는 예수님을 '하나님의 아들'로 고백하는 '하나님의 아들들'을 대표한다. 베드로의 고백을 들으신 예수님은 베드로로 대표되는 '하나님의 아들들'의 공동체를 '내 교회'(μου τὴν ἐκκλησίαν)라고 부르신다. 그 교회를 "내가 세울 것이라"(οἰκοδομήσω)고 하신다. 그리고 그 교회를 "음부의 권세"(πύλαι ᾅδου)로부터 지키겠다고 하신다(16:18). 살아계신 하나님의 아들인 예수님은 교회에 생명을 주시며, 음부의 권세가 교회를 이기지 못하도록 능력을 주신다.[26] 따라서 교회의 설립자요 소유주는 '하나님의 아들'이라 고백된 예수님이시며, 교회는 그 예수님을 '살아계신 하나님의 아들'로 고백하는 '살아계신 하나님의 아들들'로 이루어진 복된 언약백성, 새로운 언약백성이다(호 2:1).

24 Davies and Allison, *Matthew 8-18*, 621.

25 Goodwin, "Hosea and 'the Son of the Living God' in Matthew 16:16b," 280.

26 Goodwin, "Hosea and 'the Son of the Living God' in Matthew 16:16b," 281.

6. 결론

마태복음 16:16에 나타나는 베드로의 고백은 마태복음에서 가장 높은 수준의 기독론적 선언이다. 예수님을 세례 요한, 엘리야, 예레미야, 선지자 중 하나로 오해한 사람들과 달리 베드로는 예수님을 "메시아"요 "살아계신 하나님의 아들"로 고백했다. 하나님의 초자연적 계시를 통해 베드로는 예수께서 다윗 혈통에서 오리라 약속된 이스라엘의 회복자, 즉 메시아이심을 깨달았다. 이에 더하여 베드로는 예수께서 살아계신 하나님의 아들이심을 호세아 1:10의 영향을 통해 고백했다. 호세아 1:10은 살아계신 하나님이 심판 아래 있는 이스라엘을 생명의 공급을 통해 회복하실 것이고, 회복된 이스라엘 공동체는 "살아계신 하나님의 아들들"이라 불리게 되리라는 약속이다. 마태, 그리고 베드로는 호세아 1:10의 약속이 예수님의 인격과 사역을 통해 성취된다고 이해하였기에, "살아계신 하나님의 아들들"의 공동체인 교회를 세우시는 예수님을 호세아의 어휘를 따라 "살아계신 하나님의 아들"이라고 선언한다.

마태복음이 예수님에 대한 칭호로 "하나님의 아들"을 가장 자주 사용하지만, 마태복음 16:16에서 "살아계신"을 덧붙인 이유는 호세아 1:10의 영향 관계 안에서 더 분명히 이해할 수 있다. 따라서 가이사랴 빌립보에서의 예수님의 정체성에 대한 베드로의 고백(16:16)과 예수님의 응답(16:17-18)은 호세아 1:10의 영향 속에서 마태복음의 '하나님의 아들' 기독론과 교회론이 종합, 발전된 결과라 할 수 있다. 이러한 이해를 따라 베드로의 고백과 예수님의 응답을 재서술하면 다음과 같다. "살아계신 하나님의 아들"(16:16)이 세우는 "하나님의 아들의 소유인 교회"(16:18)는 "살아계신 하나님의 아들들"(호

1:10)의 공동체요, 새로운 "하나님의 백성"이다(호 1:10-2:1).

7. 적용

교회는 '하나님의 아들' 예수를 주요 구원자로 믿고 고백하는 성도들의 모임이다. 호세아 1:10과 마태복음 16:16의 이해에 따르면 "살아계신 하나님의 아들"을 의지하는 성도는 영광스럽게도 그분의 칭호를 따라 "하나님의 아들들"로 불릴 수 있다. 생명을 주시고 구원하시는 하나님의 사역을 실행하시는 예수 그리스도를 따라, 성도들도 죽어가는 존재들에게 생명을 주고 하나님의 구원을 선포하는 사명을 감당해야 한다. 삶의 동기를 찾지 못하고, 삶의 동력을 갖지 못하여, 고통 가운데 신음하고 있는 자들을 찾아가 "피투성이라도 살아 있으라"(겔 16:6)고 당부하며 호소하는 우리가 되어야 한다. 윤동주 시인이 쓴 「서시」(序詩)의 한 구절처럼, 우리, "별을 사랑하는 마음으로 모든 죽어가는 것을 사랑해야지"라고 고백하며 그렇게 살아내는 성도가 되자.

마태가 그린 하나님의 아들, 예수

여덟 번째 여행

성부께서
하나님의 아들을 다시 인정하시다

마태복음 17:1-9

성부께서 하나님의 아들을 다시 인정하시다

말할 때에 홀연히 빛난 구름이 그들을 덮으며 구름 속에서 소리가 나서
이르시되 이는 내 사랑하는 아들이요 내 기뻐하는 자니
너희는 그의 말을 들으라 하시는지라
[마태복음 17:5]

1. 그리스도 현현인 변화(transfiguration) 사건

마태복음 17장에 나타난 변화 사건은 그리스도께서 자신의 정체
를 드러내신 사건, 즉 그리스도 현현(顯現)이다. 이 일은 단순히 예수
님의 외모가 빛나게 변화된 사건이 아니며, "하나님의 아들의 내면
적 영광, 즉 잠시 가려져 있다가 부활, 승천 때에 다시 취해질 영광이
일시적으로 노출된 사건"이다.[01] 변화 사건에서 나타난 예수님의 영
광은 그 순간 거기서 갑자기 생겨난 영광이 아니다. 예수께서 보여주
신 영광은 본래부터 예수께서 지니고 계시던 영광이다. 이것을 성부

---

01 David L. Turner, *Matthew*, BECNT (Grand Rapids: Baker, 2008), 419.

하나님께서 잠시 드러내 보여주신 것이다. 물론 이 내재적 영광은 예수님의 부활과 승천과 재림 때에 최고조에 이르게 될 것이다. 그렇다면 왜 성부는 예수님의 영광을 드러내 보이셨는가? 성부께서 예수님의 영광을 드러내 보이시며, 그분을 "내 사랑하는 아들", 즉 '하나님의 아들'로 부르신 것은 무슨 의미인가?

2. 변화 사건의 중심인 천상의 목소리

변화 사건의 범위는 대개 마태복음 17장 1절부터 8절까지로 끊는 경우가 많다. 하지만 우리는 1절부터 9절까지로 보고자 한다. 1절의 변화산으로 올라가시는 장면과 9절의 변화산을 내려오시며 제자들에게 당부하시는 장면이 짝을 이루어 변화 사건 안에 포함되는 것이 자연스럽기 때문이다. 구조적으로 마태복음 17:1-9은 교차대구구조(a chiastic structure)로 파악하는 것이 바람직하다.[02] 그리고 우리는 교차대구구조의 틀 안에서 '천상에서 들려온 성부의 목소리'("이는

---

02 W. D. Davies and D. C. Allison, *Matthew 8-18*, ICC(London: T&T Clark, 1991), 684. 데이비스와 앨리슨은 변화 사건 기사를 마태복음 17:1-8로 본다. 하지만 산을 오르고 내려오는 예수님과 제자들의 모습이 이 기사의 시작과 끝을 이루는 것으로 보는 것이 더 자연스럽다. 데이비스와 앨리슨의 교차대구구조에 필자가 수정을 가한 형태는 다음과 같다.
    a. 내러티브의 도입: 예수님과 제자들이 산을 오르다(1절)
      b1. 예수께서 변화되다(2절)
      b2. 예수께서 모세, 엘리야와 대화하다(3절)
        c. 베드로가 반응하다(4절)
          d. 천상의 목소리가 들리다(5절)
        c. 제자들이 반응하다(5절)
      b. 예수께서 제자들을 안심시키다(6절)
    a. 내러티브의 결론: 예수님과 제자들이 산을 내려오다(8-9절)
강 대훈도 변화 사건의 범위를 마태복음 17:1-9로 파악하며, 그가 이해한 교차대구구조는 천상의 목소리를 중심으로 본다. 산을 오르고 내리는 장면으로 전체 이야기를 감싸고 있다는 점에서 필자의 분석과 대동소이하다. 강 대훈, 『마태복음 주석(하)』(서울: 부흥과개혁사, 2019), 126

내 사랑하는 아들이요 내 기뻐하는 자니 너희는 그의 말을 들으라",
17:5)를 변화 사건의 '구조적 중심'이며 '신학적 중심'으로 이해하고
자 한다.[03] 구약 성경과 신약 성경에서 교차대구구조의 중심 부분이
저자가 강조하려 하는 신학적 중심이 되는 경우가 많기 때문이다.

이미 우리는 마태복음 3:17에 나오는 천상에서 들린 성부의 목소
리, "이는 내 사랑하는 아들이요 내 기뻐하는 자"라는 의미를 살펴보
았다.[04] 마태복음 3:17에서 사용된 "하나님이 사랑하시고 기뻐하는
아들"이라는 표현은 예수께서 여호와의 '왕-메시아'라는 의미이며
(시 2:7), 여호와의 '고난 받는 종'이라는 의미이다(사 42:1). 변화 사
건과 세례 사건에서 동일한 표현으로 동일한 구약 구절을 암시하기
에, 두 기사들 사이에 의미상의 차이가 없다고 생각할 수도 있다. 변
화 사건에서 들린 천상의 목소리는 예수님께서 세례 받으실 때 들린
천상의 목소리(3:17)와 비교할 때, "그의 말을 들으라"는 첨가된 명
령 외에는 문자적으로 완전히 동일하다.[05] 하지만 동일한 단어들로
이루어진 표현이라 해도 위치한 문맥의 차이가 의미의 차이를 가져
올 수 있다. 우리는 천상의 목소리를 변화 사건 안에서만 아니라 주
변 문맥, 마태복음 전체, 그리고 암시된 구약 구절과의 관계 안에서
종합적으로 살핌으로써 변화 사건에 대해 더 깊이 살펴보려 한다.

---

03 Turner, *Matthew*, 418 n.3. 정확히는 구름 속에서 나는 소리이지만, 제자들을 전후좌우상하로 감싼
구름으로 인해 방향감각을 잃었기에 "구름 속에서 소리가 났다"고 묘사할 수밖에 없었을 것이다. 변
화 사건에서 성부의 소리는 마태복음 3:17의 세례 사건에서처럼 하나님의 처소인 '하늘'에서 들려온
것으로 보는 것이 자연스럽다.

04 예수님의 세례 장면에 등장한 천상의 목소리가 의미하는 바에 대해서는 이 책의 '세 번째 여행' 편
을 참조하라.

05 οὗτός ἐστιν ὁ υἱός μου ὁ ἀγαπητός, ἐν ᾧ εὐδόκησα(3:17).
　 (이는 내 사랑하는 아들이요 내 기뻐하는 자라)
　 οὗτός ἐστιν ὁ υἱός μου ὁ ἀγαπητός, ἐν ᾧ εὐδόκησα· ἀκούετε αὐτοῦ(17:5).
　 (이는 내 사랑하는 아들이요 내 기뻐하는 자니 너희는 그의 말을 들으라)

3. 하나님의 아들 칭호의 양면적인 의미

마태가 천상의 목소리를 변화 사건의 중심에 배치한 이유는 예수님을 '하나님의 아들'로 나타내기 위해서이다. 이 사건에서 들린 천상의 목소리가 예수께서 '하나님의 아들'이심을 부각시킨다는 점은 예수님의 세례 때 들렸던 천상의 목소리와 공통된 특징이다. "이는 내 사랑하는 아들이요 내 기뻐하는 자"라고 할 때, 천상의 목소리에 등장하는 다른 요소들('사랑하는', '내가 기뻐하는')은 '내 아들'(ὁ υἱός μου)을 수식할 뿐이며, 핵심은 분명히 예수께서 '하나님의 아들'이라는 선언이다. 그러면 예수님은 어떤 '하나님의 아들'인가? 마태는 '하나님의 아들'이라는 기독론적 칭호가 가진 양면적인 의미를 주변 문맥과 내본문성(intratextuality, 이 본문과 마태복음 전체와 관계), 그리고 간본문성(intertextuality, 구약 본문과의 관계)을 통해 전달하고 있다.

(1) 주변 문맥이 보여주는 양면성

우선 변화 사건을 앞뒤 문맥 안에서 살펴보자. 우리는 마태복음 16:16에 나오는 베드로의 '하나님의 아들' 고백을 통해 마태복음의 가장 높은 수준의 기독론적 선언을 들었다. 그러나 스토리는 곧 내리막으로 치달아 예수님의 첫 번째 수난 예고(16:21)로 인해 예수님의 고난과 죽음이라는 주제가 급부상한다. 베드로는 예수님의 십자가 길을 정면으로 반대하지만 예수님께 호된 꾸짖음을 듣고 교정의 말씀도 듣는다(16:23-28). 그리고 나서 마태는 6일 후에 일어난 변화 사건을 배치하며(17:1-9), 연이어 요한의 고난에 대한 예수님의 회상(17:10-13)을 배치한다. 약간 멀리 있지만 마태복음 17:22-23

은 두 번째 수난 예고를 기록하고 있다. 이러한 문맥 안에서 볼 때 변화 사건은 부활, 승천, 재림과 연결되는 빛과 영광으로 채워진 사건이면서, 동시에 예수님의 십자가 죽음이라는 어둠과 그림자가 드리워진 사건이다. 누가복음은 변화 사건에서 예수께서 모세, 엘리야와 만나 "그의 떠나심"(τὴν ἔξοδον αὐτοῦ, 개역개정에는 '별세하실 것' / 눅 9:31)에 대해 이야기했다고 밝히고 있기에, 마태복음보다 더 직접적으로 변화 사건을 십자가 죽음과 연결한다. 하지만 마태복음의 변화 사건도 둘러싼 주변 문맥을 통해 볼 때 십자가와의 연관성을 분명히 드러낸다. 그러므로 마태복음의 변화 사건은 예수님의 영광과 비참을 동시에 전달하는 양면성을 띤 사건(ambivalent event)이다.

예수께서 하나님의 기뻐하고 사랑하는 아들이라는 선언의 의미는 주변 문맥 안에서 볼 때 다음과 같다.

첫째, 예수님의 생애가 하나님을 기쁘시게 한다는 뜻이다. 성부의 부르심을 받아 복음을 전하신 공적 생애만 아니라 그 이전의 생애까지 예수님의 모든 삶이 하나님께 기쁨이 된다.

둘째, 예수께서 십자가를 향해 가시는 길이 성부의 뜻에 부합한다는 의미다. 마태복음 16:21에서 본격적으로 선언된, 십자가 죽음으로 나아가겠다는 예수님의 뜻은 성부의 뜻에 순종한 결과물이다.

셋째, 예수님은 비극적인 죽음을 먼저 경험하며, 그 후에 영광스런 부활을 경험하시게 된다. 성부께서 예수님을 기뻐하신다는 것은 예수께서 자기 운명에 대해 예언하신 바를 성부께서 승인하신다는 말이다. 이렇게 변화 사건을 앞뒤 문맥 안에서 보면, 십자가의 어둠과 부활의 빛을 동시에 보여주는 양면성을 띤 사건임을 알 수 있다.

(2) 내본문적 관계가 보여주는 양면성

이제 천상의 목소리를 내본문적 관계(intratextuality) 안에서 보자. 데이비스와 앨리슨(W. D. Davies and D. C. Allison)은 이러한 변화 사건의 양면성을 발견하고서 변화 사건 기사(17:1-9)와 십자가 처형 기사(27:32-54)를 "회화적 대조평행관계"(pictorial antithetical parallelism) 혹은 "두 폭의 그림"(diptych)으로 정의하였다.[06] 두 폭 그림(diptych)은 경첩(hinge)으로 연결된 납작한 두 개의 판으로 만들어진 예술작품으로서, 종교적으로 동서방교회에서 예수님의 십자가와 재림, 성인들의 초상 등을 두 폭 그림으로 담아내는 경우가 많았다. '두 폭 그림'은 두 개의 판이 서로 구조적으로는 유사하지만, 색이나 주제나 분위기는 대조적이라는 특징이 있다. 이와 마찬가지로 변화 사건과 십자가 사건 사이의 세부 요소들 간에 다수의 유사점들과 대조점들이 존재하는 것을 볼 수 있다.

유사점은 다음과 같다.
① "6일 후에"(17:1)와 "6시간 후에"(27:45)
② 두 사건속의 세 목격자들(17:1의 베드로, 요한, 야고보, 그리고 마 27:54의 백부장과 복수의 군사들),
③ 두 사건에서 예수께서 "하나님의 아들"로 선언됨(17:5; 27:54),
④ 두 사건에서 초자연적 사건을 본 사람들이 "심히 두려워함"(17:6; 27:54) 등이 있다.

---

06 Davies and Allison, *Matthew 8-18*, 706-7. 특별히 변화 사건(17장)과 십자가 사건(27장) 사이의 유사점과 차이점을 보여주는 707페이지의 차트를 주목하여 보라.

반면에 둘 사이의 대조점은,

① 변화 사건에서는 예수께서 제자들을 데리고 산으로 올라가시지만(17:1), 십자가 사건에서는 예수께서 십자가로 끌려가신다(27:27),

② 전자는 예수께서 소수의 사람들에게 나타나시지만(17:1), 후자는 많은 사람들 앞에서 구경거리가 되었다(27:39),

③ 전자는 빛으로 가득 차 있지만(17:2), 후자는 어둠으로 뒤덮여 있다(27:45),

④ 전자에는 예수님의 옷이 빛나지만(17:2), 후자에는 예수님의 옷이 벗겨졌다(27:28, 35),

⑤ 전자에서는 예수께서 영광을 받으시지만(17:2-6), 후자에서는 예수께서 수치를 당하신다(27:27-31),

⑥ 전자에서는 엘리야가 나타나지만(17:3), 후자에서는 엘리야를 언급하지만 그가 등장하지는 않는다(27:45-50),

⑦ 전자에서는 두 구약 인물이 예수님 양편에 서 있지만(17:3), 후자에서는 두 강도가 예수님 양편 십자가에 달려 있다(27:38),

⑧ 전자에서는 하나님께서 예수님께 사랑을 표현하지만(17:5), 후자에서는 하나님께서 예수님을 버리신다(27:46),

⑨ 전자에서는 제자들이 엎드려 예수님을 경배하지만(17:6), 후자에서는 로마 군인들이 조롱하며 무릎을 꿇는다는 점(27:29) 등이 있다.[07]

---

07 Dale C. Allison, "Foreshadowing the Passion," *Studies in Matthew: Interpretation Past and Present* (Grand Rapids: Baker, 2005), 228.

마태가 그린 하나님의 아들, 예수

이러한 유사점과 대조점을 볼 때 두 사건은 내본문적으로 연결되어 있으며, 각 사건이 그 자체로서가 아니라 상대 사건과의 연관성 안에서 올바르게 이해될 수 있음을 알 수 있다.

두 사건의 유사점 중에 중요한 것은 둘 다 사건의 중심에 "하나님의 아들" 칭호가 등장한다는 사실이다. 앞에서 언급했듯 변화 사건의 중심이 천상의 목소리이고, 천상의 목소리의 중심은 양면적 성격을 가지는 "하나님의 아들"(17:5)이다. 그리고 십자가 사건의 중심에도 예수님의 죽음 후에 일어난 초자연적 사건들을 보고서 백부장과 부하들이 고백한 예수님의 "하나님의 아들이심"이 자리 잡고 있다(27:54). 마태는 예수님의 영광스러운 변화(17:2)를 통해 예수께서 (본래 영광스러운 분이시지만) 장차 성부께서 주시는 극치의 영광을 누리시게 될 것을 독자들에게 미리 보여준다. 그런데 그 영광은 시간만 지난다고 갖게 되는 것이 아니며 십자가 죽음과 부활을 반드시 통과한 후에야("인자가 죽은 자 가운데서 살아나기 전에는 본 것을 아무에게도 이르지 말라", 17:9) 비로소 얻게 될 영광이다.

(3) 간본문적 관계가 보여주는 양면성

마지막으로 천상의 목소리를 간본문적 관계 안에서 보자. 마태는 시편 2:7의 암시를 통해서는 예수님을 '하나님의 아들이신 왕'로 그리며, 이사야 42:1의 암시를 통해서는 '여호와의 종'으로 제시하고 있다.[08] 시편 2:7의 "여호와께서 내게 이르시되 너는 내 아들이라 오늘 내가 너를 낳았도다"라는 구절에서 보듯이 하나님이 메시아를 "내 아들"이라 부르며 친밀함을 표현한다. 주변 문맥을 보면 여호와

---

08 D. A. Carson, "Matthew," in *The Expositor's Bible Commentary: Matthew & Mark*, Vol. 9, eds. Tremper Longman III & David E. Garland (Grand Rapids: Zondervan, 2010), 438.

께서 메시아에게 이방 나라를 그의 유업으로 주시며, 메시아의 소유가 땅 끝까지 이르게 하신다. 따라서 시편 2:7은 하나님의 아들을 영광스러운 승리의 왕으로 제시한다. 하지만 이사야 42:1과 주변 문맥은 상반된 분위기를 갖고 있다. 여기 등장하는 "내 마음에 기뻐하며 내가 택한 나의 종"은 이상적인 이스라엘 국가의 모습으로 볼 수 있다.[09] 그러나 더 자연스러운 해석은 이 종을 매우 온유하고 자비로운 성품을 지녔고, 하나님께 이스라엘 회복의 사명을 받은 한 이스라엘 사람으로 보는 것이다.[10] 하나님은 그에게 영으로 능력을 주어 이스라엘 회복과 이방 심판이라는 하나님의 뜻을 이루게 하신다.[11] 그리고 이사야 42장의 여호와의 종은 이사야 53장의 여호와의 종과도 연결되므로, 우리는 "백성의 죄를 위해 자기 생명을 내어주는" 고난 받는 종의 이미지도 함께 떠올릴 수 있다.[12] 이사야 53장에 나오는 여호와의 종은 "많은 사람의 죄를 담당"하기 위하여 "범죄자 중 하나로 헤아림을 받았"고 "자기 영혼을 버려 사망에 이르게" 하였다(사 53:12). 또한 "많은 사람을 의롭게" 하고 또 "그들의 죄악을 친히 담당하였다"(사 53:11).

따라서 천상의 목소리는 그리스도에 대한 두 개의 대조적 이미지를 함께 보여준다. 즉 시편 2:7이 나타내는 영광스러운 승리의 왕 이미지와 이사야 42:1과 이사야 53장이 나타내는 대속적 고난을 당하는 여호와의 종 이미지를 종합하여 보여준다. 마태는 천상의 목소리

09 Geoffrey W. Grogan, *Isaiah, Jeremiah, Lamentations, Ezekiel*, EBC (Grand Rapids, Zondervan, 1986), 255.

10 Gary Smith, *Isaiah 40-66*, NAC 15B (Nashville: B&H, 2009), 160.

11 Smith, *Isaiah 40-66*, 160.

12 Donald A. Hagner, *The New Testament: A Historical and Theological Introduction* (Grand Rapids: Baker, 2012), 78.

에서 두 개의 대조적 이미지를 종합시킴으로써 변화 사건과 십자가 사건이 가깝게 연결되어 있음을 알려준다. 따라서 천상의 목소리를 중심으로 삼는 변화 사건은 표면적으로는 부활의 영광을, 내면적으로는 십자가의 비참을 반영한다. 다시 말해 변화 사건은 명시적으로는 예수께서 부활을 통해 승리의 왕이 되심을 예표하며, 암시적으로는 예수께서 백성을 구원하기 위해 대속적 죽음을 겪는 여호와의 종이 되심을 예표하는 양면적인 기독론(ambivalent Christology)을 보여준다.

4. 모세와 엘리야가 등장한 이유

예수께서 변형되셨을 때 모세와 엘리야가 나타나서 예수님과 더불어 말씀하였다. 모세와 엘리야는 말라기 4:4-5에서 종말의 도래와 함께 등장하는 인물들로 제시되었다. 왜 모세와 엘리야가 나타났는가에 대한 여러 견해가 있다. 우선 모세가 율법을, 엘리야가 선지자를 대표한다는 견해가 있다.[13] 또한 두 인물 모두 호렙산에서 하나님을 만난 경험을 가졌으므로, 예수께서 산 위에서 변화되신 것과 연결된다는 견해도 있다.[14] 그러나 모세는 사람들이 천상의 존재로 생각했고 엘리야는 하늘로 승천한 인물이므로, 예수께서 모세와 엘리야를 만난 것은 하늘의 존재들이 천상 회의를 연 것이며 예수님의 천상

---

13 Donald A. Hagner, *Matthew 14-28*, WBC 33B (Dallas: Word, 1995), 493.

14 Robert H. Gundry, *Matthew: A Commentary on His Handbook for a Mixed Church under Persecution* (Grand Rapids: Eerdmans, 1994), 343.

적 지위를 강조하기 위함이라는 견해가 타당해 보인다.[15]

모세와 엘리야는 둘 다 하나님의 뜻에 순종하다가 자기 백성에게 고난을 겪었지만, 결국에는 하늘에 올라가는 영광을 보상받았다.[16] 마태는 모세와 엘리야의 등장을 통해 예수님도 이들처럼 자기 백성에게 고난을 받으실 것이나 부활과 승천을 경험하심으로 성부께 보상받을 것을 암시하고 있다.[17] 그러므로 모세와 엘리야의 등장은 예수께서 하늘에 속한 분이심을 나타낼 뿐 아니라, 모세와 엘리야가 경험한 고난-승천의 패턴을 예수님도 경험하게 되실 것을 예견한다. 그리고 앞에서 살핀 천상의 목소리에 담긴 양면적 기독론(이사야 42:1과 53장의 '고난 받는 종'과 시편 2:7의 '승리의 왕')도 이러한 고난-승천(부활)의 패턴과 일맥상통한다.

5. 결론

마태복음 17장이 증언하는 예수님의 영광스러운 변화 사건은 예수께서 본래부터 가지고 계셨던 영광, 그러나 예수님의 부활과 승천과 재림 때에 절정에 도달할 영광을 예수님의 생애 중 잠시 드러내 보이신 사건이다. 변화 사건의 구조적, 신학적 중심은 마태복음 17:5에 나오는 구름 속에서 들린 성부의 목소리다. 이 목소리는 예수님의 세례 때 하늘에서 들린 성부의 목소리(3:17)와 대동소이하다. 하지만 이 '천상의 목소리'가 위치한 주변 문맥과 마태복음 전체와 암

---

15 강 대훈, 『마태복음 주석(하)』 128.
16 강 대훈, 『마태복음 주석(하)』 129.
17 강 대훈, 『마태복음 주석(하)』 129.

마태가 그린 하나님의 아들, 예수

시된 구약 구절과의 관계를 살피면 이 목소리의 독특성을 발견하게 된다. 그 결과 우리는 세례 사건의 '목소리'에 비해 변화 사건의 '목소리'는 훨씬 더 예수님의 십자가-부활 사건과 밀접하게 연결되어 있음을 확인하였다.

변화 사건이 예수님의 수난 예고의 구절들에 인접해 있는 점, 예수님의 십자가 장면과 내본문적으로 연결되어 있는 점, 고난 받는 여호와의 종 구절(사 42:1, 53장), 승리의 왕 구절(시 2:7)과 간본문적으로 연결되어 있는 점을 볼 때 마태는 예수님의 변화 사건 속 영광이 십자가 사건 속 비참과 떼려야 뗄 수 없는 관계에 있음을 보여주려고 의도했다고 볼 수 있다. 변화 사건에서 보이신 예수님의 영광은 본래부터 갖고 계셨던 영광이지만, 그 영광의 최고봉은 예수께서 십자가 고난과 죽음을 통과하고 부활하고 승천하고 재림하실 때에 나타나게 될 것이다.

그러므로 변화 사건은 우뚝 솟은 산봉우리 같은 예수님의 영광스런 순간들을 상징할 뿐만 아니라, 높은 봉우리 사이의 깊고 어두운 골짜기 같은 예수님의 고통스런 순간도 상징한다. 이러한 점에서 변화 사건은 단면적이 아닌 양면적 의미가 있는 사건으로 이해해야 한다.

6. 적용

예수님의 변화 사건은 장차 영광을 얻으시기 위해, 그리고 그 영광을 우리에게 나누시기 위해 고난을 당하셔야 함을 보여준다. 예수님의 영광스러운 변화는 그를 믿고 따르는 제자들도 장차 그분의 재림 때에 영광스럽게 변화될 것을 암시한다.[18] 잊지 말아야 할 것은 예수께서 고난과 죽음을 통과하신 후에 부활의 영광을 경험하셨듯이 성도의 영광도 반드시 고난을 지나서 얻게 된다는 사실이다. 바울 사도는 "생각건대 현재의 고난은 장차 우리에게 나타날 영광과 족히 비교할 수 없도다"(롬 8:18)라고 하였다. 성도가 믿음을 지키기 위해, 하나님의 일을 이루기 위해 당하는 고난은 할 수만 있다면 피하고 싶지만, 하나님은 현재의 고난과 비교할 수 없는 크고 놀라운 영광을 성도에게 허락하겠다 약속하신다. 베드로 사도도 "너희 믿음의 시련이 불로 연단하여도 없어질 금보다 더 귀하여 예수 그리스도의 나타나실 때에 칭찬과 영광과 존귀를 얻게 하려 함이라"(벧전 1:7)고 하면서, 믿음을 지키기 위해 성도가 당하는 시련은 주님의 재림 때에 칭찬과 영광과 존귀를 얻게 하므로 금보다 귀한 가치를 지닌다고 단언한다.

그러므로 성도는 예수께서 고난을 통해 인류 구원을 이루시고 영광을 얻으신 것을 보며, 고난이 나쁜 것이라는 세상적 시각을 넘어야 한다. 물론 고난 자체가 좋을 수는 없다. 그러나 하나님이 그분의 뜻 안에서 성도에게 주시는 고난은 결국 선한 결과를 가져옴을 믿어야 한다.

> 우리가 알거니와 하나님을 사랑하는 자
> 곧 그의 뜻대로 부르심을 입은 자들에게는
> 모든 것이 합력하여 선을 이루느니라(롬 8:28).

---

18 Turner, *Matthew*, 419.

　　　　　　　　　　　　　　마태가 그린 하나님의 아들, 예수

아홉 번째 여행

대제사장이 예수님께
하나님의 아들인지 묻다

마태복음 26:57-68

대제사장이 예수님께
하나님의 아들인지 묻다

예수께서 침묵하시거늘 대제사장이 이르되 내가 너로 살아 계신 하나님께
맹세하게 하노니 네가 하나님의 아들 그리스도인지 우리에게 말하라
예수께서 이르시되 네가 말하였느니라

[마태복음 26:63-64a]

1. 산헤드린 법정에서의 심문

마태복음 26:57-68은 예수께서 대제사장 가야바의 뜰에서 열린
산헤드린 법정에서 심문받으시는 장면을 그리고 있다. 예수님은 대
제사장 가야바에 의해 신성모독자로 정죄당하는 위기 속에서도 절
망하지 않으시며, 오히려 담대하게 가야바와 산헤드린 앞에서의 심
문을 자기 정체를 밝히는 기회로 삼으신다. 또한 예수님은 가야바가
질문한 '하나님의 아들'과 '그리스도'로서의 정체성을 긍정하시며,
거기에 더하여 '인자(人子)'로서의 정체성까지 주장하신다.

2. 예수님에 대한 두 증언(26:61, 63)

대제사장 가야바와 산헤드린 공회는 "예수님을 사형에 처하기 위해서"(ὅπως αὐτὸν θανατώσωσιν, so that they might put him to death, 마 26:59) 거짓 증거를 찾고 있었다. 그들은 예수님에 대한 판결을 사형으로 결정해놓고 뒷받침할 증거를 수집하고 있다. 이러한 모습은 그들이 불의한 재판을 하고 있음을 드러낸다. 거짓 증인들이 많이 나타나 예수님에 대해 고소를 했지만, 이들의 증언은 대제사장들과 공회원들이 보기에도 설득력이 너무 부족했다. 종교 지도자들은 계속해서 증언을 들었고, 마침내 자기들이 원하는 (사실은 거짓된) 증언을 만났다. 이들이 채택한 예수님에 대한 고소는 다음 두 가지였다.

첫째, 예수께서 하나님의 성전을 파괴하고 사흘 안에 다시 지을 수 있다고 주장했다는 고소였다(26:61). 예수님은 이 첫 고소에 대해 대답하지 않으시고 침묵을 지키셨다. 자기 자신을 변호하지 않으셨다. 왜냐하면 이 고소는 요한복음 2:18-22에 기록된 예수님의 발언을 왜곡한 고소였기 때문이다.[01] 요한복음에 의하면 예수님은 "너희가 이 성전을 헐라. 그러면 내가 사흘 안에 일으키리라"(요 2:19)고 하셨다. 종교 지도자들은 "이 성전이 46년에 걸쳐 지어졌는데, 네가 3일 만에 다시 짓는단 말이냐?"(요 2:20)라고 반문했다. 이 반문에 대해 예수께서 대답을 하셨는지는 요한복음이 기록하지 않는다. 다

---

01 마태복음 27:40에 유사한 내용이 등장하기는 하지만, 십자가에 달린 예수님 곁을 지나가는 행인이 예수님의 발언이라고 주장하는 바, 즉 간접 인용일 뿐이며 예수님의 말씀을 직접 인용한 것이 아니다. 따라서 마태복음 27:40의 내용이 예수님의 말씀을 정확하게 반영한다고 보기 어렵다. 반면에 요한복음 2:18-22에는 예수님의 성전 행동과 관련된 논쟁 중에 예수께서 하신 발언이 직접 인용된 것이다. 따라서 예수님의 말씀이 정확히 반영된 것으로 볼 수 있다.

만, 종교 지도자들이 성전을 헌다면, 그 성전을 사흘 안에 다시 세우겠다고 하신 예수님의 말씀의 뜻은 예루살렘에 세워진 건물로서의 성전이 아니라 "자기 육체라는 성전 대해 말씀하신 것"(요 2:21)이라고 요한은 주석을 단다.

둘째, 예수께서 자신을 하나님의 아들 그리스도라고 주장했다는 고소였다(26:63). 두 번째 고소에 대해 예수님은 "네가 말하였느니라"(σὺ εἶπας, 마 26:64)고 하시며 긍정적으로 반응하신다. "네가 말하였느니라"는 말씀이 두 번째 고소에 대한 긍정인지, 부정인지, 제3의 종류인지 논쟁이 있지만 절대 다수의 학자들은 긍정으로 해석한다.[02]

3. 예수님의 말씀이 신성모독으로 받아들여진 이유 (1) - 삼중 주장

예수님은 자신이 하나님의 아들이며, 동시에 그리스도이심을 긍정하셨다(26:63-64). 대제사장 가야바는 여기에서 '하나님의 아들'과 '그리스도'를 사실상 같은 의미로 취급하고 있다. 유대인은 '하나님의 아들'과 '그리스도'를 모두 메시아적 칭호로 여겼다. 하지만 유대인들이 메시아를 반드시 신적 존재로 생각하지는 않았다. 예수님 전후 메시아로 여겨졌던 자들을 살펴보면, 유대인들은 이스라엘의

---

02 Donald A. Hagner, *Matthew 14-28*, WBC 33B (Dallas: Word, 1995), 799-800은 "네가 말하였느니라"(You have said so)를 긍정적인 대답으로 본다. 하지만 마가의 "내가 그니라"(I am)보다는 간접적이고 우회적이라고 본다. David R. Catchpole, "The Answer of Jesus to Caiaphas (Matt xxvi.64)," *NTS* 17 (1970): 213-26은 가야바에게 예수께서 "네가 말하였도다"라고 대답한 것이 "내용적으로는 긍정이며, 형식적으로는 주저와 완곡이 발견된다"라고 설득력 있게 주장한다. W. D. Davies and D. C. Allison, *Matthew 19-28*, ICC (London: T&T Clark, 1997), 528-29와 David L. Turner, *Matthew*, BECNT (Grand Rapids: Baker, 2008), 640도 예수님의 대답을 긍정으로 본다.

회복자로 오는 메시아는 신적인 존재라기보다 특별한 사명을 받은 인간이라고 생각했다.[03] 그러므로 예수께서 자신을 그리스도[=메시아]라고 주장한 것만으로 대제사장이 예수님을 신성모독 혐의로 정죄한 것은 아니었다.[04] 심지어 하나님의 아들이라는 주장 자체도 늘, 반드시 신성모독 행위로 정죄 당하지는 않았다.[05] 그러면 왜 예수님의 발언에 대제사장은 옷을 찢을 정도로 분노하며 신성모독이라 외쳤을까?(26:65). 예수께서 신성모독으로 정죄 받은 것은 메시아직에 대한 주장 때문이 아니라, 메시아직(messiahship)을 하나님의 아들, 다니엘서의 '인자'(人子)와 통합하여 주장하셨기 때문이다. 그럼으로써 예수님의 메시아직 주장은 단순한 이스라엘의 회복자로서의 정체성을 넘어, 유대인에게는 신성모독적인 발언으로, 로마인에게는 정치적 위협이 되는 발언으로 여겨졌다.[06]

예수님은 자신을 인자(사람의 아들)로 소개하셨다. "이 후에 인자가 권능의 우편에 앉아 있는 것과 하늘 구름을 타고 오는 것을 너희가 보리라"(26:64). 여기 예수께서 '인자'라는 칭호를 통해 암시하신 자는 다니엘 7:13-14에 나오는 "인자와 같은 이"(one like a son of man)로서, 옛적부터 항상 계신 이에게 백성들과 나라들을 영원히 다스리는 천상의 초월적 권세를 받은 자다.

---

03 게리 버지, 『일곱 문장으로 읽는 신약』(서울: 한국기독학생회출판부, 2020), 35. 1세기 유대 역사가 요세푸스는 스스로를 메시아로 여겼던 자들(히스기야의 아들 유다, 페레아의 시몬, 목자 아트롱게스, 갈릴리 사람 유다)에 대해 기술했다.

04 Thomas R. Schreiner, *New Testament Theology: Magnifying God in Christ* (Grand Rapids: Baker, 2008), 239.

05 강대훈, 『마태복음 주석(하)』(서울: 부흥과개혁사, 2019), 562.

06 Craig A. Evans, "In What Sense of 'Blasphemy'?: Jesus before Caiaphas in Mark 14:61-64," in *Jesus and His Contemporaries: Comparative Studies*, Arbeiten zur Geschichte des Antiken Judentums und des Urchirstentums 25 (Leiden, Netherlands: Brill, 1995), 414.

내가 또 밤 환상 중에 보니 인자 같은 이가 하늘 구름을 타고 와서 옛적부터 항상 계신 이에게 나아가 그 앞으로 인도되매, 그에게 권세와 영광과 나라를 주로 모든 백성과 나라들과 다른 언어를 말하는 모든 자들이 그를 섬기게 하였으니 그의 권세는 소멸되지 아니하는 영원한 권세요 그의 나라는 멸망하지 아니할 것이니라(단 7:13-14).

여기서 예수님은 자신이 그리스도요, 하나님의 아들일 뿐 아니라, 다니엘 7장의 인자처럼 여호와의 영원한 우주적 통치권을 수여받은 종말론적 대리 통치자라고 주장하셨다. 강 대훈에 의하면 예수님은 "하늘 법정의 그림으로 자신이 천상세계에 속한 신적인 존재요 하늘 법정에서 산헤드린을 재판할 것을 '암시'하신" 셈이다.[07] 또한 예수님은 하나님만 타시는 '구름' 즉 움직이는 보좌에 앉아 우주를 관할하며, 장차 그 구름을 타고 대제사장과 산헤드린을 심판하러 올 것이라 말씀하심으로써 자신의 신적 권위를 주장하며 종교지도자들을 위협한 것이다.[08] 또한 제임스 해밀턴에 의하면, 다니엘 7:9에서 다니엘이 하나의 '보좌'가 아닌 '보좌들'을 보았는데, 인자 같은 이가 옛적부터 항상 계신 이에게 권세와 영광과 나라를 받을 때는 "인자가 야웨 옆의 보좌에 앉혀지는 때"를 가리킨다.[09] 해밀턴은 "다니엘은 그가 본 [다니엘서 7장의] 환상을 시편 110:1에 있는 다윗의 찬송의 실현으로 이해한 것이 분명하다"고 주장한다.[10] 다윗은 이 시에서 여호와께서 다윗의 주, 즉 메시아에게 "내가 네 원수들로 네 발판이

---

07 강 대훈, 『마태복음 주석(하)』 564.

08 강 대훈, 『마태복음 주석(하)』 563-64.

09 James M. Hamilton, *With the Clouds of Heaven: The Book of Daniel in Biblical Theology*, NSBT (Downers Grove: InterVarsity Press, 2014), 148-49.

10 Hamilton, *With the Clouds of Heaven*, 149.

되게 하기까지 너는 내 오른쪽에 앉아 있으라"고 말씀하셨다고 노래한다. 따라서 다니엘 7:18("지극히 높으신 이의 성도들이 나라를 얻으리니 그 누림이 영원하고 영원하고 영원하리라")의 "지극히 높으신 이"(the Most High)는 다니엘 7:13의 "인자 같은 이"와 "옛적부터 항상 계신 이"를 동시에 가리키는 것이 분명하다.[11] 따라서 예수님은 시편 110편과 다니엘 7장을 동시에 암시하심으로써 자신을 다니엘서의 인자로 나타내신 것이다. "이 인자는 인성과 신성을 동시에 가졌고, '옛적부터 항상 계신 이'와 동일시되기도 하고 구분되기도 하며, 성도들을 대표하는 그들의 왕이다."[12]

예수께서 자신을 그리스도요, 하나님의 아들이요, 다니엘서의 인자라는 삼중 주장을 하셨다. 여호와께서 예수님을 신성을 가진 존재로 인정하셨다는 의미와 같다. 그렇기에 대제사장은 예수님의 주장을 신성모독으로 여겼고 자신의 옷을 찢으며 개탄했다. "저가 참람한 말을 하였으니 어찌 더 증인을 요구하리요 보라 너희가 지금 이 참람한 말을 들었도다"(26:65). 산헤드린에서 예수께서 하신 주장은 자신을 선재하시는 하나님으로 선언하는 고기독론적 주장이었다.[13] 마태복음에서 고기독론을 담고 있는 대표적인 구절인 마태복음 22:41-46[14]과 함께, 마태복음 26:63-64은 시편 110:1의 인용을 통해 예수님의 신적 정체성(divine identity)과 선재성(先在性)을 주

---

11 Hamilton, *With the Clouds of Heaven*, 152-53.

12 Hamilton, *With the Clouds of Heaven*, 153.

13 Craig L. Blomberg, *Matthew*, NAC 22 (Nashville: B&H), 403.

14 "바리새인들이 모였을 때에 예수께서 그들에게 물으시되 너희는 그리스도에 대하여 어떻게 생각하느냐 누구의 자손이냐 대답하되 다윗의 자손이니이다 이르시되 그러면 다윗이 성령에 감동되어 어찌 그리스도를 주라 칭하여 말하되 주께서 내 주께 이르시되 내가 네 원수를 네 발 아래에 둘 때까지 내 우편에 앉아 있으라 하셨도다 하였느냐 다윗이 그리스도를 주라 칭하였은즉 어찌 그의 자손이 되겠느냐 하시니 한 마디도 능히 대답하는 자가 없고 그 날부터 감히 그에게 묻는 자도 없더라"(22:41-46).

장하는 마태복음의 중요한 고기독론 구절이다.

그러므로 예수님은 '그리스도', '하나님의 아들', '인자'라는 세 개의 칭호로 자신의 신적 정체성을 주장하신 것이다. 예수께서 자신을 신명사문자(神名四文字, 네 글자로 이루어진 하나님의 이름), 즉 여호와(YHWH)라고 직접적으로 공표하시지는 않았지만 세 가지 고기독론적 칭호들을 함께 사용하심으로 여호와의 권위를 공유하는 분이심을 드러내셨다.[15] 예수께서 세 기독론적 칭호를 각각으로 주장하지 않고 함께 주장했을 때, 예수님의 주장은 대제사장에게 더욱 더용서 받을 수 없는, 사형에 해당하는 범죄로 여겨졌던 것이다.

4. 예수님의 말씀이 신성모독으로 받아들여진 이유 (2) -
대제사장에게 예배 요구

대럴 보크는 본 사건의 누가판(누가복음 22:63-71)을 해석하면서 예수께서 가야바와 산헤드린 앞에서 시편 110:1을 암시하여 자기의 정체를 나타내셨을 때 신성모독으로 정죄된 이유를 다음과 같이 설명한다. 이 주장은 매우 중요하기 때문에 그의 설명을 길게 인용할 필요가 있다.

> 예수님은 하나님의 임재로 직접 나아갈 수 있고 하나님의 우편에 앉아 다스릴 수 있다고 주장하신다. 예수님은 지금 그를 고소하는 사람들보다 더 높은 권세를 갖고 계시기에 모든 고소에

---

15 Robert H. Gundry, *Mark* (Grand Rapids: Eerdmans, 1993), 891-922는 예수께서 시편 110:1을 암시하는 중에 신명사문자를 사용했다고 주장하지만, 근거가 부족하다.

마태가 그린 하나님의 아들, 예수

대해 무죄를 선언 받으실 것이다. ... 사형에 해당하는 신성모독 선고를 받기 위해서 반드시 하나님의 이름을 직접 말해야 하는 것은 아니다. 여기 예수님의 발언 자체가 유대인이 보기에 하나님의 임재에 대한 너무나 뻔뻔한 침해였기에 [대제사장이 옷을 찢을 정도의] 그런 반응은 당연했다. ... 예수께서 자신을 인자라고 하신 발언은 어떤 사람에게도 허락되지 않은 방식으로 예수께서 하나님께 나아갈 수 있다는 분명한 주장이었다.[16]

대제사장은 유대교 지도자들의 대표였다. 산헤드린과 대제사장은 스스로를 하나님이 임명하신 기관이며 직분으로 여겼다. 그들은 출애굽기 22:28이 "너는 재판장을 모독하지 말며 백성의 지도자를 저주하지 말지니라"라고 명하시는 이유가 그 때문이라 여겼다. 그렇기에 시편 110:1과 다니엘 7장의 암시를 통해 자신을 최후 심판의 재판장이며 종말론적 통치자로 주장하는 예수님의 태도는 하나님이 그들에게 주신 권위를 부정하는 것이고, 또한 하나님의 권위를 부정하는 신성모독이라 여긴 것이다.[17] 그러므로 유대교 지도자들은 자신을 그리스도, 하나님의 아들, 인자로 주장하는 예수님과 충돌할 수밖에 없었다. 마태복음의 이야기가 26장까지 오면서 예수님의 자기주장은 점점 더 고기독론적이 되어 갔다. 당신께서 하나님의 아들이심을 더욱 분명하게 밝히신 것이다. 따라서 지도자들과의 갈등은 더

---

16 Darrell L. Bock, "The Son of Man Seated at God's Right Hand and the Debate over Jesus' 'Blasphemy,'" in *Jesus of Nazareth: Lord and Christ: Essays on the Historical Jesus and New Testament Christology*, eds. Joel B. Green and Max Turner (Grand Rapids: Eerdmans, 1994), 190.

17 Darrell L. Bock, "Blasphemy and the Jewish Examination of Jesus," in *Key Events in the Life of the Historical Jesus*, eds. Darrel L. Bock and Robert L. Webb (Grand Rapids: Eerdmans, 2009), 624-25; R. T. France, *The Gospel of Matthew*, NICNT (Grand Rapids: Eerdmans, 2007), 1029.

욱 고조되었다. 예수께서 진정 그리스도시요, 하나님의 아들이시며, 심지어 권능의 우편에 앉으신 인자시라면, 예수님은 여호와 하나님과 다름없는 신적 존재이시다. 따라서 이스라엘의 대표로서 하나님의 임재 장소인 지성소로 들어가는 대제사장은 여호와를 예배하듯 예수님도 예배해야 한다. 그래서 이스라엘의 대표자인 대제사장 가야바는 이러한 논리를 거부하였고, 예수님을 신적인 존재로 예배하기를 거부한다.

대제사장이 예수님을 거부한 것은 국가로서의 이스라엘이 예수님을 거부한 것을 상징한다. 물론 이스라엘 백성 중에 예수님을 따른 소수의 제자들이 존재했지만. 대제사장이 예수님을 거부하여 자기 예복을 찢은 것(26:65)은 예수께서 죽으신 직후 성전 휘장이 찢어진 일(27:51)을 떠올리게 한다. 찢는 두 동작은 다른 동사(διαρρήγνυμι, σχίζω)가 사용되었지만, 개념은 동일하다. 대제사장의 옷 찢음은 예수님에 대한 이스라엘의 거부를 상징한다. 성전 휘장의 찢어짐은 이스라엘과 성전에 대한 하나님의 거부를 상징한다. 대제사장의 옷 찢음이 성전 휘장의 찢어짐을 가져왔다. 즉 예수님에 대한 이스라엘의 거부는 이스라엘과 성전에 대한 하나님의 심판을 가져왔다. 예수님을 거부한 대가가 왜 이렇게 엄청난가? 예수께서 하나님의 아들(the Son of God)이며, 그리스도(Messiah)이며, 여호와의 우편에 앉으신 인자(the Son of Man)이시기 때문이다.

5. '하나님의 아들' 칭호로의 수렴

대제사장이 '하나님의 아들' 칭호와 '그리스도' 칭호를 동격으로

마태가 그린 하나님의 아들, 예수

사용하며(26:63) 예수님을 부를 때 '그리스도'를 다시 사용하는 것(26:68)을 볼 때, '하나님의 아들'과 '그리스도'를 (엄밀한 의미는 같지 않더라도) 바꿔 쓸 수 있는 용어로 볼 수 있다. 그리고 '하나님의 아들'과 '그리스도' 중에 마태는 마태복음의 결정적인 순간마다 '하나님의 아들' 칭호를 일관되게 부각시킨 것을 우리는 이미 앞에서 살펴보았다(1:1-17; 2:15; 3:17; 4:3, 6; 8:29; 14:33; 16:16; 17:5). 마태복음의 절정인 수난 이야기(26-28장)에서 마태는 예수님의 죽음이 가진 깊은 의미를 전달하기 위해 다양한 기독론 칭호들(인자, 유대인의 왕, 이스라엘의 왕, 그리스도, 하나님의 아들)을 사용하는데, 수난 내러티브가 진행될수록 예수님을 가리키는 칭호들이 '하나님의 아들' 칭호로 수렴되어 가는 것을 발견할 수 있다(26:29, 39, 42, 53, 63; 27:40, 43, 46, 54; 28:19).

그러므로 이 본문의 의미는 타락한 이스라엘의 대표인 대제사장이 진정한 이스라엘의 대표인 예수님께 "네가 하나님의 아들 그리스도냐?"라고 물었는데, 이에 대해 예수께서 "나는 하나님의 아들이요, 그리스도요, 하나님 보좌 우편에 앉은 인자다"라고 대답하셨다고 볼 수 있다. 그리고 계속되는 27-28장의 수난 내러티브를 통해 저자 마태는 예수님을 자기 백성을 구원하시고 생명을 주시기 위해 십자가에서 죽으시고 부활하신 '하나님의 아들'로서 성부와 동일한 경배를 받기에 합당한 분이심을 증언한다.

6. 결론

예수님은 산헤드린 공회의 재판에서 하나님의 아들, 그리스도,

인자라는 세 칭호를 함께 사용하여 자기 정체성을 제시하심으로써 자신이 신적인 존재임을 주장하셨다. 또한 시편 110:1의 인용과 다니엘 7장의 암시를 통해 자신을 최후의 심판장이며 여호와께 드릴 수준의 예배를 대제사장에게 요구할 수 있는 신적 존재로 드러내셨다. 이러한 암시적 주장들의 의미를 알아차린 대제사장은 옷을 찢고 예수께서 신성모독의 죄를 지었다고 주장하면서 사형 판결을 유도하였다. 대제사장의 극단적인 반응은 예수께서 자신을 신성(神性)을 가진 존재로 주장하신 것이 분명함을 반증한다. '하나님의 아들' 칭호는 공회 재판에서 예수님의 정체를 나타나는 세 칭호 중 하나에 그치지만, 수난 내러티브의 진행에 따라 많은 기독론적 칭호들이 '하나님의 아들'로 수렴되어가는 것을 볼 수 있다. 따라서 마태복음의 여러 중요한 장면에서처럼 공회 재판 장면에서도 '하나님의 아들' 칭호가 예수님의 정체성을 드러내는 중심적 칭호로서 기능함을 볼 수 있다.

7. 적용

다윗의 혈통에서 태어나신 '그리스도'이실 뿐 아니라, 진정한 '하나님의 아들'이신 예수님은 마지막 날에 구름을 타고 만인을 심판하러 오실 '인자'이시다. 예수님의 정체를 바르게 알고 믿는 자는 생명을 얻게 될 것이다. 하지만 예수님의 정체를 거부하는 자는 하나님의 아들에 대한 신성모독을 범하고 있으며 결국 생명을 잃게 될 것이다. 예수님을 바르게 알고 믿고 고백하는 자가 예수님의 십자가-부활이 성취한 생명의 수혜자가 될 수 있다(참고. 마 27:53). 예수님을 오해하고 거부하고 신성모독자라 주장하는 자는 그 사람이야 말로 "사형에 해당하는 자"(26:66)이다. 예수님의 제자인 베드로도 예수님을 오해한 적이 있었고 부인한 적도 있었다(16:22-23; 26:69-74). 하지만 예수님의 중보를 통해 베드로는 과오를 회개하였고 믿음이 회복되었고 초대교회의 지도자가 되어 형제들을 굳게 하였다(참고. 눅 22:32). 하나님의 아들이 다시 오실 그 날까지 예수님에 대한 믿음을 지키고, 날마다 예수님을 더 알아가고, 날마다 더 예수님 닮기를 힘쓰는 우리 모두가 되자.

그러므로 함께 하늘의 부르심을 받은 거룩한 형제들아
우리가 믿는 도리의 사도이시며 대제사장이신
예수를 깊이 생각하라(히브리서 3:1).

마태가 그린 하나님의 아들, 예수

열 번째 여행

사람들이 십자가 위의
하나님의 아들을 시험하다

마태복음 27:40, 43

사람들이 십자가 위의
하나님의 아들을 시험하다

이르되 성전을 헐고 사흘에 짓는 자여 네가 만일 하나님의 아들이어든
자기를 구원하고 십자가에서 내려오라 하며
[마태복음 27:40]

그가 하나님을 신뢰하니 하나님이 원하시면 이제 그를 구원하실지라
그의 말이 나는 하나님의 아들이라 하였도다 하며
[마태복음 27:43]

1. 공적 사역의 시작과 끝

예수님의 공적 사역(public ministry) 혹은 공적 생애(public
life)의 시작이 세례(3:13-17)와 광야 시험(4:1-11)이라면, 끝이자
절정은 십자가 죽음(27:32-54)과 부활(28:1-20)이라 할 수 있다. 예
수님은 공적 사역을 시작하시면서 광야에서 사탄과의 충돌을 경험
하셨는데, 공적 사역을 마무리하시면서 십자가 위에서도 동일한 경
험을 하셨다. 사탄은 광야에서부터 십자가에 이르기까지 지속적으
로 성부에 대한 예수님의 순종과 신뢰를 무너뜨리고 예수님 자신의
신성과 능력에 대한 의심을 갖게 만들어 그분이 인류 구원의 사역을
완수하지 못하시도록 방해하였다. 차이점이라면 광야 시험은 사탄

스스로가 예수님을 시험하기 위해서 전면에 나섰던 반면, 십자가 시험은 인간 하수인을 조종했다는 점이 다르다. 광야 시험에서는 사탄이 예수님을 시험하려 했다는 의도를 마태가 명시하지만(4:1, 3), 십자가 시험에서는 마태가 사탄의 의도를 명시하지 않는다. 하지만, 두 기사 사이의 유사성은 십자가에서 예수께서 받으신 조롱이 사탄의 대리자를 통한 시험임을 보여준다.

두 시험의 공통점은 예수께서 '하나님께 순종하는 아들'로서 사탄의 시험을 이겨내셨다는 점이다. 예수께서 광야 시험을 통과하지 못하셨다면 예수님은 공적 생애를 시작하지 못하셨을 것이다. 십자가 시험을 통과하지 못하셨다면 십자가 죽음을 회피하신 것이므로 인류 구원의 사명을 완수하지 못하셨을 것이다. 하지만 광야 시험을 통과하여 신실한 하나님의 아들임을 증명하신 예수님은 십자가 시험을 통과하여 여전히 신실한 하나님의 아들이심을 증명하셨고 인류 구원의 완성을 위한 마지막 걸음을 내딛으신다.

2. 예수님의 칭호들

대제사장이 예수님의 "하나님의 아들 그리스도이심"(26:63)에 대해 도전하자, 예수님은 도전에 응답하면서 자신이 하나님의 아들이요, 메시아일 뿐 아니라 "하나님의 우편에 앉은 인자"(26:64)라고까지 주장하셨었다. 이 주장에 대해 대제사장 가야바는 옷을 찢으며 예수께서 신성모독자라고 선언하였고, 산헤드린은 예수님을 사형에 처하기로 결의했다.

이후 27장에서 예수님은 다양한 인물들에 의해 다양한 칭호로 불려진다(〈표 4〉). 마태는 등장인물들이 사용하는 예수님의 칭호들을 통해 예수님의 십자가 죽음의 다양한 의미를 암시한다.[01]

성경구절	기도록적 칭호	이 칭호를 말한 사람들
마 27:11	유대인의 왕	빌라도
마 27:17	메시아(=그리스도)	빌라도
마 27:22	메시아(=그리스도)	빌라도
마 27:29	유대인의 왕	로마 군병들
마 27:37	유대인의 왕	죄패
마 27:40	하나님의 아들	지나가는 자들
마 27:42	이스라엘의 왕	대제사장들, 서기관들, 장로들
마 27:43	하나님의 아들	대제사장들, 서기관들, 장로들
마 27:46	나의 하나님(→나의 아버지)	예수님
마 27:54	하나님의 아들	백부장과 부하들

<표 4> 마태복음 27장에 나타난 예수님의 칭호들

예수께서 "유대인의 왕" 혹은 "이스라엘의 왕"이라고 불린 것은 예수께서 이스라엘의 대표로서 십자가에 죽으셨음을 의미한다. 광야 시험에서 예수님은 이스라엘의 대표로서 하나님께 대한 순종과 신실함에 대한 테스트를 통과했다. 이제 십자가 시험에서도 예수님은 이스라엘의 대표로서 하나님께 대한 순종과 신실함을 마지막으로 테스트 받고 있다. 예수님은 십자가에서의 시험도 통과하시며, 그를 의지하는 자들로 구성된 새로운 이스라엘에게 자신의 신실함을

---

01 마태복음 27장에 나오는 다양한 예수님의 칭호들은 결국 '하나님의 아들' 칭호로 수렴되며, 마태복음 27:54에서 백부장과 부하들의 '하나님의 아들' 고백에서 마태복음의 기독론이 절정에 이름을 볼 수 있다.

마태가 그린 하나님의 아들, 예수

나누어 주실 것이다.

또한 예수께서 '메시아'(그리스도)로 불린 것은 그분이 다윗 혈통에서 나오셔서 새로운 출애굽을 통해 이스라엘을 회복하실 자임을 의미한다는 것을 예수님의 족보(1:1-17)가 잘 보여주었다.[02] 그리고 '메시아' 칭호는 사무엘하 7:1-16과 역대상 17:11-15에 기록된 '다윗 언약'이 가리키는 "네 씨"(삼하 7:12)요 "나의 아들"(삼하 7:14)로 오신 분이 예수님임을 의미한다. 예수님은 다윗 언약을 따라 다윗 혈통의 자손으로 오셔서 영원한 다윗 왕조를 세우심으로써 하나님의 나라를 세우신다. 그리고 예수님은 다른 메시아 예언 구절들에서 보여주는 대로 이사야 9:6-7의 "다윗의 왕좌"에 앉아 "영원히 정의와 공의로" 통치하실 분이며, 예레미야 23:5의 "다윗에게 일으켜진 한 의로운 가지"이시며, 에스겔 37:24의 "다윗의 후손으로 온 왕이자 한 목자"시다.

그리고 예수께서 "하나님의 아들"로 불린 것은 하나님이 맡기신 인류 구원의 사명을 순종하기 위해서 자신을 드려 십자가에 죽으시는 태도를 보여준다. 사탄은 광야에서 예수님의 공적 사역이 시작되지 못하게 막으려고 예수님의 '하나님의 아들 신분'을 집요하게 공격하였다.

첫째 시험에서 사탄은 하나님의 아들로서 가진 능력을 구원사역이 아닌 예수님 자신의 이익을 위해 사용하라고 유혹하였다(4:3). 인간을 구원하기 위해서 죄 없으신 예수께서 죄인들을 위해 대신 희생제물이 되기를 거절하라는 유혹이었다. 하지만 예수님은 하나님의 구원계획에 기꺼이 자신을 드려 순종하는 모습을 보이신다. 그리고

---

02 이 책의 '첫 번째 여행' 편을 보라.

둘째 시험에서 사탄은 하나님의 아들로서의 정체성을 온 천하에 과시하라고 유혹하였다(4:6). 이것은 예수님의 십자가 죽음, 그리고 죽음에서 그를 일으키시는 성부의 계획을 통해 하나님의 아들로 인정되시는 길을 택하지 말고, 구원계획과 상관없는 화려하고 과시적인 방법을 통해 하나님의 아들임을 스스로 증명해보이라는 유혹이었다. 하지만 예수님은 성부의 뜻대로 십자가 죽음의 길을 갈 때, 성부께서 예수님으로 하여금 사망의 음침한 골짜기를 지나게 하시고 부활로써 사망 권세를 이기게 하시고 하나님의 아들의 영광을 마침내 얻게 하실 거라 믿으셨다.

하나님의 아들로서의 정체성은 성부와 예수님 간의 신뢰관계에 있어 핵심이었다. 사탄은 구속언약에서 성부가 성자께 주신 사명을 저지하려 했다. 즉 성자께서 자기 목숨을 많은 사람의 대속물로 주며(20:28), 자기 피를 흘려 많은 사람이 죄 사함을 얻게 하며(26:28), 언약백성을 그들의 죄에서 구원하는(1:21) 구속사적 계획을 좌초시키려 했다. 그리고 그 목적을 위한 수단은 예수님의 '하나님의 아들' 신분에 대한 공격이었다. 하지만 예수님은 자신의 사명과 신성과 하나님께서 사랑하시는 아드님이심에 대해 한 치의 의심이 없으셨고 성부 하나님의 계획에 대한 확신과 신뢰 속에 십자가 죽음으로 나아가셨다.

3. 예수님을 시험한 사람들

광야에서 예수님을 시험한 자가 사탄이었다면 십자가에 달리신 예수님을 시험한 자는 사탄의 역할을 대신한 '지나가는 자들'(27:40)

과 '대제사장들과 서기관들과 장로들'(27:41)이었다. 이 두 부류의 사람들은 어떤 사람들일까?

"지나가는 자들"

마태복음 27:40의 "지나가는 자들"(οἱ παραπορευόμενοι)은 이름이 나타나지 않는 평범한 이스라엘 백성이다. 이들은 메시아 예수를 거절한 이스라엘 평민층, 즉 무리를 대표한다. 마태복음에서 '무리'는 예수님의 사역 초기에는 그분의 놀라운 가르침과 초자연적인 치유에 호의적으로 반응하며 그분을 메시아로 믿고 환영하던 자들이었다(예. 마 9:8, 33; 14:5; 21:9). '무리'는 예수께서 긍휼의 마음으로 가르치고, 치유하고, 복음을 전하신 대상이었다(9:36; 15:32). 하지만 예수께서 세우려는 하나님의 왕국이 그들의 정치적, 물질적 풍요를 가져다주는 하나님의 왕국이 아니며 예수가 그들이 생각한 종류의 메시아가 아님을 깨달았을 때 등을 돌리기 시작했다. 그리고 마침내 수난 이야기에서 '무리'(τοὺς ὄχλους, 마 27:20)는 종교 지도자들의 선동에 넘어가 메시아 예수를 거절하고, "그를 십자가에 못박으라"고 외치는 존재로 추락하였다(27:23). 마태는 예수님을 죽인 피를 자신과 후손들에게 돌리라고 외친 '무리'의 목소리가 '온 백성'(πᾶς ὁ λαὸς, 마 27:25)의 목소리, 즉 이스라엘 전체의 목소리였다고 기록한다.

"대제사장들과 서기관들과 장로들"

마태복음 27:41의 "대제사장들과 서기관들과 장로들"도 마태복음 27:40의 '지나가는 자들'과 '같은 방식으로'(ὁμοίως, in the same way, 마 27:41) 예수님의 하나님의 아들 신분을 공격하며 십자가에서 내려오라고 조롱했다. "대제사장들과 서기관들과 장로들"은 메시아 예수를 거절한 이스라엘의 지도층이다. 이들은 앞서 가야바의 집에서 모인 산헤드린 법정에서 예수님을 사형에 넘기기 위해 한 뜻이 되었다(26:57). 그리고 더 앞서 예수님은 이 세 부류에 의해 자신이 "많은 고난을 받고 죽임을 당할 것"임을 예언하셨다(16:21). 성공적으로 예수님을 사형에 처한 그들은 십자가 위의 예수님을 조롱하는 데 있어서도 한 뜻이 되었다.[03]

마태는 이스라엘의 평범한 백성('지나가는 자들')과 지도층('대제사장들과 서기관들과 장로들')이 한 뜻이 되어 예수님을 십자가에 넘겨주었음을 보여준다. 소수인 예수님의 제자들(열두 사도와 다른 제자들)을 제외한 절대 다수의 이스라엘 백성은 예수께서 메시아이시며 그분을 통해 이스라엘과 온 인류가 구원을 경험할 수 있다는 그분의 주장을 수용하지 않았다. 다수의 이스라엘 백성은 예수님을 십자가에 달려 비참하게 죽어 마땅한, 신성을 모독하는 예언자요, 자칭 메시아로 여겼음을 보여준다.

4. 광야 시험과 십자가 시험의 유사성

광야 시험과 십자가 시험을 비교하면 내용과 구조가 상당히 유사하다. 이 유사성들은 마태가 광야 시험과 십자가 시험을 예수님의 공

---

03 마태복음에서 대제사장, 서기관, 장로는 유대 종교지도자들을 대표하며, 바리새인과 사두개인은 서기관을 구성하는 두 파벌로 여겨진다. 그러나 서기관의 다수는 바리새인들로 이루어져 있는 것으로 보인다. 마태복음 23장에서 서기관과 바리새인은 동류로 취급되는데, 서기관 가운데 바리새파가 아닌 자들도 있었을 수 있지만, 대부분의 서기관은 바리새파인 것으로 여겨지기 때문이다(Ulrich Luz, *Matthew 21-28*, Hermeneia [Minneapolis: Fortress, 2005], 99). 대제사장, 서기관, 장로 세 부류가 함께 등장하는 장면은 마태복음에서 16:21, 26:57, 27:41이다.

마태가 그린 하나님의 아들, 예수

적 생애를 시작하고 마무리 짓는 중요한 단계로 여겼음을 보여준다. 예수님은 하나님의 신실한 아들로서 공적 생애의 시작과 절정에 사탄의 시험을 통과함으로써 성공적으로 인류 구원의 사명을 시작하시고 성취하신다.

광야 시험

예수님은 광야에서 세 번의 시험을 받으셨다. 그 중에 첫 번째와 두 번째 시험에서 사탄은 "만일 네가 하나님의 아들이면"(εἰ υἱὸς εἶ τοῦ θεοῦ)이라는 조건절에 '말해라', '너 자신을 던져라'는 2인칭 명령형을 귀결절로 연결한다(4:3, 6).[04] 사탄은 두 번의 시험에서 성부의 뜻에 '순종하는 아들'이 아닌 자기 유익과 자기 과시를 앞세우는 '반역하는 아들'이 되라고 예수님을 유혹한다.[05] 광야의 세 번째 시험은 예수께서 사탄에게 절하면 천하만국과 그 영광을 준다는 시험이었다. 이 시험은 '하나님의 아들' 언급이 없이 이루어진다.

십자가 시험

십자가에서도 예수님은 세 차례의 시험을 받으신다. 그 중에 첫째, 둘째 시험에서 사탄의 대리자인 두 부류의 사람들이 예수님의 하나님의 아들 신분에 대해 공격한다. 첫째 시험은 "만일 네가 하나님의 아들이면"(εἰ υἱὸς εἶ τοῦ θεοῦ, 마 27:40)이라는 조건절에 "십자가

---

04 문법적으로 'εἰ+현재 직설법'을 사용하는 '제1부류 조건절'은 '단순한 사실'을 나타내고 if(만일 …라면)가 아니라 since(…이므로)를 사용해야 한다고 보기도 한다. εἰ를 if로 번역하면 사탄이 하나님의 아들 신분 자체를 도전하는 것이고, εἰ를 since로 번역하면 사탄이 '순종하는' 하나님의 아들이 아니라 '자기 뜻을 앞세우는' 하나님의 아들이 되라고 도전하는 것이다. 따라서 어떻게 해석하든 사탄이 예수님의 '하나님의 순종하는 아들' 됨에 대해 도전하고 있다는 점은 동일하다.

05 J. D. 킹스베리, 『마태복음서 연구』(서울: CLC, 1990), 112.

에서 내려오라"는 2인칭 명령형을 귀결절로 연결한다. 둘째 시험은 "나는 하나님의 아들이라고 그가 말하였으므로"(27:43)라는 부사절에 "하나님이 그를 구원하시게 하라"(let God deliver him)라는 3인칭 명령형을 주절로 연결했다. 사탄의 하수인들은 두 번의 시험에서 예수께서 하나님의 아들의 신분과 능력을 가졌다면 자신의 능력 혹은 하나님의 도움으로 십자가에서 내려와 보라고 도전한다. 그들은 자신마저 구원하지 못하는 예수께서 어떻게 하나님의 아들일 수 있냐고 조롱한다.[06] 이들의 말은 예수님의 무능력함에 대한 조롱이지만 사실 자기 백성을 구원하기 위해 자신을 구원하길 포기하신 예수님을 정확하게 평가한 것이다.[07] 예수님은 십자가에서 내려오라는 "마지막 큰 유혹"을 이겨내셨다.[08] 만일 예수께서 이 유혹에 굴복하셨다면 "하나님이 정하신 역할, 즉 모든 인간의 죄를 위해 무고히 고난 받는 역할(참고. 고후 5:21; 롬 3:21-26; 히 9:26-28)을 맡을 수 없으셨을 것"이다.[09] 그리고 광야의 세 번째 시험처럼 십자가 위의 세 번째 시험도 '하나님의 아들' 언급이 없다. 함께 십자가에 못 박힌 강도들이 "동일한 말"(τὸ αὐτὸ)로 욕했다고 한 기록이 '하나님의 아들' 언급이 없는 세 번째 시험이라 할 수 있다(27:44).[10]

광야 시험과 십자가 시험은 각각 세 차례 시험이 있었다. 그리고 두 가지 시험의 첫째, 둘째가 공통적으로 예수님의 '하나님의 아들 신분'에 대한 공격이었다.[11] 사탄은 예수님 자신의 '하나님의 아들'

06 R. T. France, *The Gospel of Matthew*, NICNT (Grand Rapids: Eerdmans, 2007), 1071.

07 강대훈, 『마태복음 주석(하)』 (서울: 부흥과개혁사, 2019), 619.

08 Craig L. Blomberg, *Matthew*, NAC 22 (Nashville, B&H, 1992), 417.

09 Blomberg, *Matthew*, 417.

10 강대훈, 『마태복음 주석(하)』 621.

11 지금까지 논의한 두 시험 사이의 유사성이 정리된 <표 5>를 참조하라.

	광야에서의 첫 두 시험 (마태복음 4:1-11)	십자가 위에서의 첫 두 시험 (마태복음 27:32-44)
원문	εἰ υἱὸς εἶ τοῦ θεοῦ, εἰπὲ ἵνα οἱ λίθοι οὗτοι ἄρτοι γένωνται (4:3)	σῶσον σεαυτόν, εἰ υἱὸς εἶ τοῦ θεοῦ, [καὶ] κατάβηθι ἀπὸ τοῦ σταυροῦ(27:40)
번역	만일 네가 하나님의 아들이면, 이 돌들에게 빵이 되라고 말해라 (4:3)	만일 네가 하나님의 아들이면, 자기를 구원하고 십자가에서 내려오라(27:40)
명령 주체와 대상	사탄이 예수님께 (2인칭 단수) 명령(4:3)	지나가는 자들이 예수님께 (2인칭 단수) 명령(27:39)
도전하는 내용	하나님의 아들 정체성을 도전	하나님의 아들 정체성을 도전
원문	εἰ υἱὸς εἶ τοῦ θεοῦ, βάλε σεαυτὸν κάτω(4:6)	πέποιθεν ἐπὶ τὸν θεόν, ῥυσάσθω νῦν εἰ θέλει αὐτόν· εἶπεν γὰρ ὅτι θεοῦ εἰμι υἱός(27:43)
번역	만일 네가 하나님의 아들이면, 네 자신을 아래로 던져라(4:6)	그가 하나님을 기뻐하고, 하나님의 아들이라 하였으니, 하나님이 그를 구원하시게 하라(27:43)
명령 주체와 대상	사탄이 예수님께 (2인칭 단수) 명령(4:6)	대제사장들과 서기관들과 장로들이 하나님께 3인칭 (단수) 명령 (27:41, 43)
도전하는 내용	하나님의 아들 정체성을 도전	하나님의 아들 정체성을 도전

<표 5> 광야 시험과 십자가 시험 비교

신분에 대한 확신을 약화시킴으로써, 성자와 성부의 신뢰관계를 훼손하여 성자가 성부께 위임받은 인류 구원의 임무를 실패시키려 했다.

5. 성부께서 시험을 통과한 예수님을 칭찬하심

사탄은 예수님의 공적 사역의 시작과 끝에 예수께서 하나님 아들이심을 의심하게 만들어 인류 구원의 사명을 회피하게 만들려고 노력했다. 그러나 예수님은 사탄이 준 두 차례의 도전을 이겨내시고 성부께서 위탁하신 "자기 백성을 구원하는" 사명을 신실하게 수행하시는 하나님의 아들임을 보여주셨다. 십자가에 달리신 예수님은 "나의 하나님, 나의 하나님, 어찌하여 나를 버리셨나이까?" 외치셨다. 그러나 이는 사명을 회피하고 싶으니 고통에서 꺼내달라는 호소가 아니었다. 이것은 고통 중에도 부탁하신 대속의 죽음으로 나아가겠다는 순종의 말씀이었다. 시편 22편의 인용을 통해 전달하고자 했던 예수님의 마음은 십자가 위에서 성부의 외면을 경험하면서 느끼는 고통에 대한 표현이지만, 동시에 이후에 주어질 구원과 회복, 그리고 무죄함의 증명에 대한 소망이기도 했다.[12]

하나님은 사탄의 시험을 통과하여 십자가 대속의 죽음이라는 잔을 마신 예수님을 인정해주시고 칭찬해주신다. 놀랍게도 이 인정과 칭찬은 예수님을 처형한 로마 백부장과 부하들의 입술을 통해 나온다("이는 진실로 하나님의 아들이었도다!", 마 27:54). 이런 말을 도무지 할 것 같지 않은 사람들이 그런 칭찬을 한다는 것은 이 일이 하나님의 초자연적 역사임을 보여준다. 하나님 아들의 신분을 자기 유익을 위해 사용하지 않고 성부의 뜻대로 인류 구원의 사명을 위해 사용하셨기에 예수님은 성부의 기쁨이 되셨고 그분의 오롯한 인정을 받으셨고, 이방인의 고백까지도 받으신 것이다. 예수님은 사탄의 유

---

12 예수께서 시편 22편을 인용하신 것은 시편 22편 전체의 스토리를 함께 인용하신 것으로 보아야 한다. 시편기자는 자신이 겪고 있는 고난에 탄식하는 내용으로 시작하여 여호와께서 자신을 건져주실 것에 대한 신뢰로 마무리 짓는다. 그러므로 예수님은 시편 22편 인용을 통해 결국 성부께서 자신을 신원하시고 구원하실 것에 대한 소망과 신뢰를 나타낸 것으로 보아야 힌다. (잭 딘 킹스베리, 『이야기 마태복음』 (서울: 요단, 2000), 153; Grant R. Osborne, *Matthew*, ZECNT [Grand Rapids: Zondervan, 2010], 1037; Craig S. Keener, *The Gospel of Matthew: A Socio-rhetorical Commentary* [Grand Rapids: Eerdmans, 2009], 683).

마태가 그린 하나님의 아들, 예수

혹에 흔들려 좌우로 기웃거리지 않으셨고 하나님의 아들이 걸어야 할 길로만 나아가셨다. 공적 사역의 처음과 마지막 시험 때만 아니라 전 생애 동안 하나님 앞에 온전히 순종하는 아들로 사셨다. 그것을 아시는 성부께서는 로마 백부장과 부하들의 입술을 빌려 "참으로 이 자는 나의 아들이다!"라 말씀하시며 성자 예수님의 삶을 칭찬하셨다.[13]

6. 결론

예수님은 공적 생애를 시작하시면서 광야에서 사탄에게 세 번 시험을 받으셨고, 그 중 첫 두 번의 시험에서 사탄은 예수님의 '하나님의 아들 신분'을 공격하였다(4:1-11). 뿐만 아니라 사탄은 예수님의 공적 생애의 절정인 십자가에 달리신 순간에도 이스라엘의 평범한 백성과 이스라엘의 지도층을 조종하여 예수님의 '하나님의 아들 신분'을 공격하였다(27:32-54). 예수께서 자신의 '하나님의 아들 신분'에 대한 확신을 잃어버리는 순간 성부 하나님과의 신뢰관계가 깨어지고 인류 구원의 사명이 실패로 귀결될 것을 알았기 때문이다. 그러나 예수님은 비참한 십자가에서 내려와야 하나님의 아들로 증명될 수 있다는 유혹을 물리치시고, 십자가를 참음으로써(참고. 히 12:2) 다시 일으킴을 받으셨고(27:53), 마침내 하나님의 참된 아들이심을 증명하셨다.

예수님은 자신을 드러내고 유익하게 하기보다, 성부의 뜻에 순

---

13 킹스베리, 『이야기 마태복음』 154: "예수가 하나님의 아들이라고 선언함으로써 로마 군병들은 예수를 하나님께서 '생각하시는' 것과 같이 '생각하고' 있다. 따라서 예수의 정체에 대한 그들의 평가적 시점이 하나님의 시점과 일치되었다고 볼 수 있다."

종하여 언약백성을 구원하기 위해 자신의 정체성과 능력을 사용하심으로 성부께 '하나님의 아들'이라는 최종 인정을 받으셨다(27:54). 하나님의 아들은 십자가 위에서의 마지막 시험을 이기시고 성부께서 맡기신 구원사역을 완수하셨다. 예수께서 십자가 죽음과 부활로 온전히 성취하신 구원 사명은 이제 세상 모든 족속을 구원하는 교회의 사명으로 이어질 것이다(28:19-20).

7. 적용

예수님은 사탄의 집요한 공격에도 불구하고 자신의 정체성과 사명을 지켜내셨다. 마찬가지로 그리스도인도 예수님의 십자가 공로로 구원 받고 부활의 능력으로 영생을 약속 받은 자라는 정체성을 지켜내야 한다. 예수님께서 하나님의 아들로서 성부가 주신 인류 구원이라는 사명의 길을 신실하게 가신 것처럼, 성도도 하나님께서 주신 복음전파의 사명(딤후 4:2)과 성령의 능력으로 열매를 맺고 살아갈 사명(갈 5:22-23)의 길을 신실하게 가야 한다. 또한 성도 각자가 하나님께 받은 독특한 사명이 있다. 목회자, 선교사, 장로, 권사, 집사, 찬양대원, 주일학교 교사, 주차안내부원 같은 교회 안의 사명만 아니라 직장, 동호회, 향우회, 스터디모임, 심지어 남편, 아내, 부모, 자녀로서의 위치도 모두 하나님께 받은 부르심이다. 내게 주신 사명에 신실하게 산다고 해서 세상이 알아주지 않을지 모른다. 드러나지 않는 일에 충성한다고 해서 명예나 권력이나 재물을 더 얻는 것도 아니다. 하지만 하나님은 사명에 헌신하는 자에게 살았을 때나, 죽음 이후에나 타당한 상급을 주시겠다고 말씀하신다. 지금 여기 내게 주신 사람과 일을 하나님이 주신 사명으로 알고 최선을 다할 때에 하나님은 나를 통해 주님의 뜻을 이루신다.

견실하며 흔들리지 말고 항상 주의 일에 더욱 힘쓰는 자들이 되라.
이는 너희 수고가 주 안에서 헛되지 않은 줄 앎이라(고전 15:58).

열한 번째 여행

예수님을 처형한 로마 군인들이
하나님의 아들을 고백하다

마태복음 27:45-54

예수님을 처형한 로마 군인들이 하나님의 아들을 고백하다

백부장과 및 함께 예수를 지키던 자들이 지진과 그 일어난 일들을 보고
심히 두려워하여 이르되 이는 진실로 하나님의 아들이었도다 하더라
[마태복음 27:54]

1. '하나님의 아들' 기독론의 절정을 향하여

우리는 지금까지 마태복음에서 '하나님의 아들' 칭호 혹은 주제
가 나타나는 구절을 중심으로 마태가 예수님을 '하나님의 아들'로
제시하는 의미가 무엇인지를 살펴보았다. 이 장과 다음 장에서 살
펴볼 두 개의 본문은 십자가에 죽으신 예수님을 로마 군인들이 '하
나님의 아들'로 고백한 구절(27:54)과 예수님께서 승천하시기 전에
제자들에게 주신 소위 대위임령에 있는 '삼위일체 공식'(trinitarian
formula, 마 28:19)이다. 예수님의 십자가 죽음과 부활이라는 구속
사적 절정에 등장하는 '하나님의 아들' 칭호는 마태복음의 기독론도
절정으로 이끈다. 이번 장에서는 로마 군인들의 '하나님의 아들' 고

백에 담겨 있는 심층적인 의미를 살펴본다.

2. 예수님의 십자가 죽음

산헤드린 재판에서 가야바 대제사장과 산헤드린 회원들은 예수님에 대해 사형을 선고했다(26:66). 그리고 총독 빌라도도 유대인들의 정치적 압박에 못 이겨 예수님의 십자가 사형을 허락하였다(27:26). 총독의 군병들이 예수님께 조롱을 퍼붓고 주먹질을 했다. 홍포를 입혀 십자가 사형 집행장인 골고다로 끌고 갔다(27:27-31). 군병들은 예수님을 십자가에 못 박았고(27:35), 그분의 옷을 제비 뽑아 나누었으며(27:35), "거기 앉아 예수님을 지키고 있었다"(καθήμενοι ἐτήρουν αὐτὸν ἐκεῖ, 마 27:36). 정오부터 오후 3시까지 온 땅에 어둠이 임하였고(27:45), 오후 3시경 예수님은 "엘리 엘리 라마 사박다니" 하시면서 하나님과의 영적 단절이 주는 고통을 토로하셨다(27:46). 그러자 "거기 섰던 자중 어떤 이들"(τινὲς ... τῶν ἐκεῖ ἑστηκότων), 즉 로마 군병들이 예수께서 엘리야를 부른다고 오해했다(27:47). "그 중의 한 사람"(εἷς ἐξ αὐτῶν), 즉 로마 군병 하나가 달려가서 예수님께 신 포도주를 먹였고(27:48), 나머지 군병들은 "가만 두라 엘리야가 와서 그를 구원하나 보자"고 말하면서 예수님을 조롱했다(27:49). 얼마 지난 후 예수님은 크게 소리를 지르시고 영혼을 떠나보내셨다(27:50). 겉으로 보기에 예수님은 유대 지도자들의 모함 때문에 로마제국에 대한 반란 혐의로 십자가 처형을 받으셨다. 하지만 예수님은 메시아 운동에 대한 유대 지도자들과 로마 제국의 탄압에 희생되신 것이 아니다. 예수님의 죽음은 구약 선지자들이 예언한 대로 자기 백성에 대한 하나님의 구원과, 대적에 대한 하나님의 심판이 절정에 이르는 순간이었다. 이것은 예수님의 죽음과 부활을 둘러싼 초자연적 기적들을 통해 확인된다.

3. 종말론적, 초자연적 기적들

예수께서 십자가에서 영혼을 떠나보내신 후에 여러 종말론적, 초자연적 기적들이 연이어 일어났다. 가장 먼저 성소 휘장이 위에서 아래로 찢어져서 둘이 되었다(27:51). 휘장의 찢어짐은 지성소에 임재해 계신 하나님을 향한 물리적, 시각적 접근을 차단하던 장벽이 예수님의 죽음을 통해 허물어졌음을 뜻한다.[01] 또한 예수님의 죽음이 하나님을 알 수 있는 문을 엶과 동시에 새로운 성전이요 하나님의 아들이신 예수님을 알 수 있는 문을 열었음을 의미한다.[02]

찢어진 휘장만 이야기하는 마가복음, 누가복음과 달리 마태복음은 지진, 바위 터짐, 열린 무덤, 성도의 부활, 성도의 행진 같은 기적들도 이어서 보도한다. 지진이 일어났고, 바위가 터졌고, 무덤들이 열렸고, 자던 성도들의 몸이 많이 일어났다(27:51-52). 그들은 "예수의 부활 후에" 무덤에서 나와 거룩한 성에 들어갔고 많은 사람에게 나타났다(27:53). 여기서 부활한 '성도들'은 하나님께 대한 충성을 지키기 위해 고난을 당하다 죽은 사람들을 가리킨다.[03] 이러한 기적

---

01 Daniel M. Gurtner, *The Torn Veil: Matthew's Exposition of the Death of Jesus* (Cambridge: Cambridge University Press, 2007), 189.

02 Gurtner, *The Torn Veil*, 182-83.

03 John Nolland, *Matthew*, NIGTC (Grand Rapids: Eerdmans, 2005), 1215.

들은 예수님의 죽음과 부활이 하나님의 구원과 심판을 가져오는 종말론적 사건임을 나타낸다. 에스겔과 스가랴 같은 선지자들은 종말의 때가 되면 하나님이 새로운 출애굽을 일으키시고, 언약백성을 구원하실 거라 기대했다. 에스겔 37:1-10의 '마른 뼈 환상'은 마른 뼈처럼 절망스런 이스라엘을 하나님께서 초월의 능력과 기적으로 구원하실 종말을 향한 기대를 담고 있다. 또한 부활한 백성이 열린 무덤에서 나와 이스라엘 땅으로 들어가는 것은 언약백성의 온전한 회복을 상징한다(겔 37:12-14). 스가랴 14:4-5는 여호와 하나님과 이방 나라들 사이의 전쟁을 묘사한다. 하나님이 예루살렘 동쪽에 임하실 때 감람산이 동서로 갈라질 것이고, 큰 골짜기가 생겨서 이스라엘 백성이 그 산골짜기로 도망치고, 모든 거룩한 자들이 하나님과 함께 거하리라는 기대를 보여준다. 마태는 에스겔서와 스가랴서에 나타난 이러한 종말론적 기대가 예수님의 죽음과 부활을 통해 일어나기 시작했다고 이해한다.

특히 마태는 예수님의 부활 후에 잠자던 성도들이 부활하여 무덤에서 나와 거룩한 도시로 들어가는 장면을 보여 준다. 예수님의 십자가의 죽음이 에스겔 37장의 마른 뼈의 부활이 상징하는 '새 출애굽을 통한 하나님의 백성의 회복'을 가져오며,[04] 스가랴 14장의 지각 변동의 환상이 상징하는 '우주적 반응'과 '하나님의 임재'를 가져 온다.

---

04 Jon D. Levenson, *Resurrection and the Restoration of Israel: The Ultimate Victory of the God of Life* (New Haven, CT: Yale University Press, 2006), 164-65.

4. 마태복음 27:53의 "예수의 부활 후에"의 의미

그런데 마태복음 27:53의 "예수의 부활 후에"(μετὰ τὴν ἔγερσιν αὐτοῦ, 문자적으로는 "그의 부활 후에")라는 구절은 독자에게 의문을 불러일으킨다. 마태복음 27:32-44은 예수께서 십자가를 지고 골고다로 가서 그 십자가에 달리기까지의 과정을 그리며, 마태복음 27:45-54은 예수께서 십자가에서 죽으신 사건과 후속 사건들을 기록하고 있다. 그런데 예수님의 십자가 죽음을 이야기하는 중에 갑자기 "예수의 부활 후에"라는 구절이 등장함으로, 독자는 내러티브 전개의 부자연스러움을 느끼게 되며 시간과 공간의 혼돈을 경험하게 된다. 마태는 어떤 의도로 예수님의 죽음을 이야기하는 도중에 예수님의 부활을 이야기하는 것일까?[05]

마태복음 27:51-53의 종말론적 표적들(휘장 찢어짐, 지진, 바위 터짐, 무덤 열림, 성도의 부활, 거룩한 성으로의 행진, 부활한 성도들의 나타남)은 마태복음 27:50의 예수님의 죽음의 영향으로 일어난 사건들과 마태복음 27:53의 예수님의 부활의 영향으로 일어난 사건들로 구분될 수 있다. 그러나 일련의 사건들을 어떻게 두 종류로 나눌 것인지 파악하기는 쉽지 않다. 존 웬함은 문법적인 검토를 통해 종말론적 표적들을 두 그룹을 나눌 수 있다고 주장한다.[06] 그에 의하면, 성전 휘장의 찢어짐, 지진, 바위 터짐, 무덤 열림은 예수께서 죽으신 금요일에 일어난 사건이다. 반면에 성도들의 부활, 성도들의 거룩한 성으로 들어가서 사람들에게 보인 일은 예수께서 부활하신 주일

---

05 이 주제에 대한 더 자세한 논의는 김창훈, "마태복음 27:53의 '예수의 부활 후에'에 나타난 내본문적 연구," 『신약논단』 25/1 (2018 봄): 1-36을 보라.

06 John W. Wenham, "When Were the Saints Raised?: A Note on the Punctuation of Matthew 27,51-3," *JTS* 32 (1981): 150-52.

에 일어난 사건이다. 그러므로 마태복음 27:52에서 성금요일에서 주일로의 시간 전환이 일어나며, 마태복음 27:54에 주일에서 성금요일로 다시 시간 전환이 일어난다.

예수님의 부활에 대한 본격적인 서술은 마태복음 28:1-10에 등장한다. 하지만 마태는 마태복음 27:45-54이 다루는 예수님의 죽음과 마태복음 28:1-10이 다루는 예수님의 부활이 함께 성도의 구원과 부활과 영생을 가져다주는 사건임을 강조하려 한 것으로 보인다. 그래서 마태복음 28장에서 본격적으로 예수님의 부활을 이야기하기 전에 예수님의 죽음을 이야기하는 마태복음 27장에서 부활을 당겨 이야기함으로써, 예수님의 죽음과 부활을 결합한다. 예수님의 죽음이 가져온 (금요일에 발생한) 초자연적 기적들과 예수님의 부활이 가져온 (주일에 발생한) 초자연적 기적들을 '한꺼번에 일어난 사건들인 양' 연결해서 보여준다. 이 연결을 통해 마태는 예수님의 죽음과 부활이 별개의 사건이 아니라 '하나의 구원사건'임을 보여준다.[07]

바울은 고린도전서 15:20에서 부활하신 예수님을 "잠자는 자들의 첫 열매"로 묘사하였다. 이것은 종말에 일어날 최종 부활에 대한 바울의 묘사이다. 하지만 마태는 예수님의 부활이 마지막 날 성도를 부활하게 한다는 바울의 사상대로 예수님의 부활이 이미 일부 성도들의 부활을 가져온 것을 알았다. 그래서 예수님의 부활을 따라 예루살렘 주변에 묻혔던 신실한 성도들이 부활했다는 역사적 보고(historical report)를 자신의 복음서에 포함하였다. 그리고 그 역사적 보고를 통해 성도들을 부활시킨 부활과 성도들의 죄를 대속한 십자가 죽음이 서로 분리되지 않는 하나의 구원사건이라는 신학적 메시

---

07 그랜트 R. 오스본, 『강해로 푸는 마태복음』(서울: 디모데, 2015), 1162.

지도 전달한 것이다.

5. 분리될 수 없는 예수님의 '죽음'과 '부활'

마태는 예수님의 죽음과 부활이 '함께' 종말론적 표적들이 상징하는 바를 성취했음을 보여 준다. 첫째, 예수님의 죽음과 부활은 '함께' 그의 백성으로 하여금 찢어진 성전 휘장을 지나 하나님의 임재로 나아갈 수 있는 새 시대를 열었다. 둘째, 예수님의 죽음과 부활은 '함께' 묵시-종말론 상징인 지진이 의미하는 '심판과 구원'을 가져온다. 셋째, 예수님의 죽음과 부활은 '함께' 성도들의 부활을 지금 일으키고, 또 장차 마지막 날에 일으킬 것이다. 넷째, 예수님의 죽음과 부활은 '함께' 장차 성도들이 거룩한 성에서 누릴 영생을 약속하는 사건이다.

예수님의 죽음과 부활이 성도의 구원과 부활과 영생을 위해 하는 역할은 엄밀하게 분리되기 어렵다.[08] 두 사건은 함께 성도의 구원과 부활과 영생을 위하여 요구되는 모든 것을 성취하였다. 마태는 이 사실을 강조하기 위해 예수님의 죽음을 이야기하는 장면 속에 예수님의 부활에 대한 언급("예수의 부활 후에")과 부활이 가져온 사건들을 포함시켰다. 역사적으로 예수님의 십자가와 예수님의 부활은 시간차를 두고 발생했지만, 마태복음 내러티브 안에서는 이 둘이 하나로 엮여져 하나님의 구원계획을 성취한다.

요셉에게 나타난 천사는 예수께서 성육신하여 오신 목적이 "자

---

08 예를 들어, 고린도전서 1:18은 예수님의 십자가가 우리를 구원한다고 진술하며, 베드로전서 1:3은 예수님의 부활이 우리를 거듭나게 하는 산 소망이라고 진술한다. 성경은 곳곳에서 십자가가, 부활이, 십자가와 부활이 동시에 우리의 구원의 근거라고 진술한다.

마태가 그린 하나님의 아들, 예수

기 백성을 구원하심"(1:21)이라 하였다. 예수님 자신도 자기 목숨을 대속물로 주어(20:28) 많은 사람의 죄를 사하기 위해(26:28) 왔다고 하셨다. 이 생애 목적을 성취하기 위해 예수님은 기꺼이 고난을 받고 십자가에서 죽으셨을 뿐만 아니라, 그를 신뢰하는 언약백성에게 부활생명을 주기 위해 죽음에서 부활하셨다. 예수님의 죽음과 부활은 구별될 수 있으나 분리될 수 없다. 예수님의 죽음을 이야기할 때에는 이후 그분이 부활하셨음이 전제되며, 예수님의 부활을 이야기할 때에도 이전에 그분이 죽으셨음이 전제된다. 예수님을 믿고 의지하는 자들에게 구원과 생명과 소망과 모든 하늘의 신령한 복이 주어지는 통로는 예수님의 죽음과 부활 둘 다임을 "예수의 부활 후에"라는 문구와 문맥이 알려준다.

6. 로마 군인들의 '하나님의 아들 고백'의 의미

마태는 예수님의 죽음 이야기 안에 부활 이야기를 삽입함으로써 죽음과 부활이 함께 자기 백성과 많은 사람에게 죄 사함과 부활 생명을 준다는 것을 보여주었다. 그리고 예수님의 십자가 죽음과 부활을 통한 구원의 때가 도래했음을 종말론적 기적들을 통해 보여주었다. 이 종말론적 기적들을 목격하고 반응한 중요한 등장인물들이 있는데, 바로 로마 백부장과 그의 부하들이다.

(1) 예수님의 신성

마태복음 27:54에서 로마 백부장과 군인들은 "이는 진실로 하나님의 아들이었도다"라는 말로 예수님의 신성(神性, divine identity)

을 고백하였다. 이 고백은 풍랑을 잠잠케 하는 예수님을 보고 그분을 물을 지배하시는 구약의 야웨 같은 분으로 인정한 제자들의 고백(ἀληθῶς θεοῦ υἱὸς εἶ, 당신은 진실로 하나님의 아들이로소이다, 마 14:33)과 거의 동일하다.[09] 제자들의 이 고백은 예수님의 신성에 대한 고백이다. 따라서 이방인 군인들의 고백은 유대인 제자들의 고백처럼 예수님의 신성에 대한 고백이 담겨 있다.

본문을 살펴보면 이 로마 군인들은 예수께서 십자가에 죽으시기 전부터 예수님을 폭행하고 처형한 인물들임을 알 수 있다. 이들은 예수님을 골고다로 끌고 갔고(27:27-31), 십자가에 못 박았고(27:35), 예수님을 지키던 군인들이었다(27:36). 마태복음 27:54의 로마 군인들과 앞의 마태복음 27:36의 예수님을 못 박은 로마 군인들이 동일인물임을 보여주기 위해 마태는 동사 '테레오'(τηρέω, 지키다)를 공통적으로 사용하고 있다.[10] 이들은 예수님의 죽음과 이어지는 종말론적 표적들(eschatological signs)을 '보았고'(ἰδόντες), 하나님의 초자연적 계시를 통해 설득되고 감화되어, "이는 진실로 하나님의 아들이었도다"(ἀληθῶς θεοῦ υἱὸς ἦν οὗτος)라는 표현으로 예수님의 신성을 고백하였다.

(2) 예수님의 생애에 대한 성부의 평가

로마 군인들이 예수님을 하나님의 아들로 고백한 것은(27:54)은 예수님의 생애에 대한 성부 하나님의 평가라 할 수 있다. 이 고백

---

09 마태복음 14:33의 기독론적 고백과 마태복음 27:54의 기독론적 고백은 "당신은 …이다"(εἶ)와 "이는 …이었다"(ἦν οὗτος)의 차이가 있지만 내용은 동일하다. Jeannine K. Brown and Kyle Roberts, *Matthew*, THNTC (Grand Rapids: Eerdmans, 2018), 141.

10 R. T. France, *The Gospel of Matthew*, NICNT (Grand Rapids: Eerdmans, 2007), 1083; W. D. Davies and D. C. Allison, *Matthew 19-28*, ICC (London: T&T Clark, 1997), 635.

마태가 그린 하나님의 아들, 예수

은 로마 군인들의 의지로 된 것이 아니라 하늘에 계신 성부께서 그들에게 계시와 감동을 주셔서 하게 됐다. 예수님을 모독하고 처형하는데 가담했던 자들이 몇 시간 안에 그분을 '하나님의 아들'이라고 고백하기란 정말 힘든 일이다. 이들의 고백은 이성적 사고의 결과가 아닌 하나님의 능력에 의한 기적으로 보아야 한다. 가이사랴 빌립보에서 행한 베드로의 '하나님의 아들 고백'이 '혈과 육'(σὰρξ καὶ αἷμα)에 의해 계시되지 않았고 "하늘에 계신 아버지"(ὁ πατήρ μου ὁ ἐν τοῖς οὐρανοῖς)께서 주신 계시이듯이(16:17), 로마 군인들의 고백도 초자연적 계시를 통한 기적으로서 성부께서 자신의 평가를 그들의 입에 넣어주신 것이다.

예수께서 "진실로 하나님의 아들이시라"는 고백은 단순히 볼 때는 등장인물인 로마 군인의 고백이지만, 한 차원 높게는 마태의 평가 관점이며, 더 한 차원 높게는 마태가 이 복음서를 기록하도록 역사하신 성부의 평가 관점이다.[11] 따라서 이 고백은 자기 백성을 구원하기 위해 성육신하시고 섬김의 삶을 사시고 십자가에 대속 제물로 죽으신 예수님의 생애에 대해 성부께서 온전히 만족하셨음을 의미한다(참고. 마 3:17; 17:5). 이방인들의 입을 통해 초자연적으로 계시된 성부의 평가에 근거할 때, 참으로 예수님은 성부께 온전한 순종과 기쁨을 드리는 참된 아들이셨다.

---

11 Warren Carter, *Matthew and the Margins: A Sociopolitical and Religious Reading*, The Bible & Liberation Series (Maryknoll, NY: Orbis, 2000), 537. Jack Dean Kingsbury, *Matthew as Story*, 2nd ed. (Philadelphia: Fortress, 198), 52: 킹스베리는 마태복음에서 하나님의 '평가 관점'(evaluative point of view)이 규범적(normative)이고 다른 어떤 등장인물의 평가 관점보다 절대 우월하다는 점을 옳게 지적한다.

(3) 이방인 제자들의 '하나님의 아들 고백'

마태복음 27:54의 '하나님의 아들 고백'은 마태복음 17:5의 "이는 내 사랑하는 아들이요 내 기뻐하는 자니 너희는 그의 말을 들으라"고 하신 성부의 목소리와 연결된다. 변화 사건에서 성부 하나님은 십자가 고난을 통과하여 영광으로 나아가는 길을 추구하는 아들을 기뻐하셨다. 고난 없는 영광을 추구하는 '사람의 일'이 아니라 고난을 통한 영광을 추구하는 '하나님의 일'을 생각하는 예수님을 기뻐하셨다(16:23). 예수님을 하나님의 아들로 인정하는 성부는 초자연적 표적들을 보이셨고, 이를 목격한 세 유대인 제자는 "심히 두려워하는"(ἐφοβήθησαν σφόδρα, 마 17:6) 반응을 나타냈다.

마찬가지로 예수님을 하나님의 아들로 인정한 성부는 예수님의 십자가 죽음-부활의 시간에도 초자연적 표적들을 나타내셨고, 이를 목격한 이방인 군인들도 "심히 두려워하는"(ἐφοβήθησαν σφόδρα, 마 27:54) 동일한 반응을 보였다. 예수님을 하나님의 아들로 고백한 로마 군인들은 마태 당시의 교회 안에 존재했던 이방인 제자들을 상징하는 것일 수 있다. 하나님의 뜻은 예수 그리스도의 구원이 이스라엘을 넘어 이방인에게까지 이르는 것이었으며, 이는 마태복음의 시작부터 마지막까지 지속적으로 나타나는 주제다. 특히 예수님은 마태복음 28:19-20의 대위임령을 통해 당신의 제자들이 본격적으로 모든 민족에게 나아가 복음을 전하고 그들을 제자로 만들라 명하신다.

예수님의 '하나님의 아들 신분'이 성부를 통해 선포되었고(3:17; 17:5), 유대인 제자들을 통해 고백되었고(14:33), 마침내 이방인 제자를 통해 고백되었다(27:54). 예수께서 죽으시고 부활하셔서 교회에 능력을 주시면, 교회는 모든 민족에게 나아가 복음을 전함으로 그들이 이 고백을 하도록 이끌 것이다. 예수님의 죽음과 부활은 '이방

인 선교'라는 새로운 구속사적 장면을 활짝 열어젖혔다.[12]

7. 결론

예수께서 십자가에서 죽으심으로 본래 우리가 감당해야 할 죄의 대가를 다 치르셨다. 또한 예수님은 죽음에서 부활하시어 당대에 죽은 자들을 다시 살리는 기적을 행하심으로 장차 우리가 누릴 영광스런 생명의 실체가 무엇인지 보여주셨다. 마태는 자신이 풀어낸 예수님 이야기의 절정에 그분의 십자가와 부활을 동시에 보여준다. 예수님의 죽음과 부활은 구별될 수 있으나 분리되어서는 안 된다. 그분의 '죽음과 부활'이 함께 그분을 믿고 의지하는 언약백성에게 죄 사함과 구원과 생명을 주는 원천이며 근거가 된다. 마태는 "예수의 부활 후에"(27:53)라는 문구를 예수님의 십자가 장면에 삽입함으로써, 죽음 속으로 침투해 들어가 부활 생명의 꽃을 피워내신 하나님의 아들의 승리를 신비롭게 그려낸다.

예수님은 언약백성의 죄를 사하여 구원하고 생명을 주라는 사명을 신실하게 완수하심으로써, 마침내 로마 군인들의 입을 통해 "이 자는 진실로 나의 아들이다"라는 성부의 최종 평가를 받으셨다. 마태가 들려주는 예수님 이야기, 즉 마태복음은 십자가 장면에서 절정을 이루는데, 이 절정에서 마태는 예수님의 '하나님의 아들'이심을 제일 부각시킴으로 그분의 많은 칭호들 중에 '하나님의 아들'이 가장 중요하고 중심적임을 드러낸다. 마태가 그리는 예수님은 한 마디로

---

12 Donald A. Hagner, *Matthew 14-28*, WBC 33B (Dallas: Word, 198), 87.

'하나님의 아들'이시다. 예수님의 '하나님의 아들 신분'에 대한 이방 군인들의 선포는 예수님의 신성을 증거하며, 성부께 받은 사명을 온전히 성취함으로 성부께서 온전히 만족하셨음을 의미하며, 예수님의 십자가와 부활 이후 이방인들의 구원과 제자화가 본격적으로 시작되었음을 보여준다.

십자가와 부활을 통해 예수님은 하나님의 아들로서 성부의 뜻에 순종하셨고, 자기 백성의 구원을 완수하셨다. 예수님 이야기의 결론인 마태복음 28:19-20은 하나님의 아들이 완수하신 구원을 만민에게 적용시켜야 할 교회의 사명을 밝혀줄 것이다. 하나님의 아들을 믿는 제자공동체는 모든 민족에게 나아가 복음을 전하고 가르치며, 성부와 성자와 성령의 이름으로 세례를 주어 그들을 제자로 만들라는 사명을 받을 것이다.

8. 적용

"십자가 신앙에 머물러 있으면 안 되고, 부활 신앙으로 나아가야 한다"고 주장하면서, (그의 눈에는) "십자가만을 강조하는 교회의 모습"을 비판하는 책을 쓰고 그런 설교와 강연을 하는 목사가 있다. 이분은 심지어 "십자가를 통한 제사는 미완성이며, 이 제사는 부활을 통해 하늘 성소에서 '영원한 제사'로 완성되었다"고 말하기까지 했다. 그러나 이런 주장은 십자가와 부활을 분리시키는 오해에서 비롯된 잘못된 신학이다. 성경이 예수님의 십자가를 통한 속죄의 제사를 말할 때에 그것은 부활을 전제한다. 또한 예수님의 부활을 말할 때에 그분의 십자가 죽음을 통한 속죄를 깔고 있다. 그러므로 결코 우리는 십자가를 강조하기 위해 부활을 무시해서는 안 되며, 부활을 강조하기 위해 십자가를 폄하해서도 안 된다. 목회자는 설교할 때에 십자가와 부활을 함께 강조하기 위해 노력해야 한다. 예배 청중은 십자가에 대해 들을 때 부활을 떠올려야 하며, 부활에 대해 들을 때에는 십자가를 생각해야 한다. 그리하여 십자가와 부활을 하나의 구속사건으로 보는 통합적 관점을 갖도록 노력해야 한다. 예수님의 십자가와 부활은 동전의 양면과 같아서 둘 사이에 우열이 없고, 함께 예수님의 구속사역의 핵심을 구성한다.

열두 번째 여행

하나님의 아들이
삼위일체 신앙을 가르치시다

마태복음 28:16-20

하나님의 아들이
삼위일체 신앙을 가르치시다

그러므로 너희는 가서 모든 민족을 제자로 삼아
아버지와 아들과 성령의 이름으로 세례를 베풀고
[마태복음 28:19]

1. 마태복음의 마지막 '하나님의 아들' 구절

우리는 지금까지 예수님의 오심과 사역과 인격의 의미를 탐구하기 위해, 이러한 의미들을 함축적으로 담고 있는 '하나님의 아들' 칭호와 주제가 나타나는 마태복음의 구절들을 살펴보았다. '하나님의 아들' 칭호가 마태복음에서 가장 중요한 칭호이다. 예수님의 유년기부터 공적 생애를 거쳐 십자가 처형과 부활 이후까지, 예수님 생애의 중요한 시기와 장면마다 이 칭호가 등장하여 그분이 어떤 분이신지를 잘 보여준다. 우리는 하나님의 아들의 계보와 출생을 보여주는 마태복음 1:1-23에서 시작하여, 예수님을 처형한 로마 군인의 고백을 보여주는 마태복음 27:54까지 열한 구절을 살펴보았다. 마지막으로 우리는 예수께서 삼위일체의 한 위격인 '하나님의 아들'이심을 보여주는 마태복음 28:19을 다루려 한다.

2. 결론이자 명령법인 마태복음 28:16-20

'하나님의 아들', 본문에서 "그 아들"(τοῦ υἱοῦ)이 마지막으로 등장하는 마태복음 28:16-20은 마태복음의 최종 결론이다. 마태는 1-2장에서 예수님의 탄생과 성장에 대해 이야기한 후, 3-25장에서 예수님의 사역에 대한 이야기와 예수님의 가르침으로 이루어진 묶음 다섯 개를 배치한다.[01] 그러고 나서 26-28장에서 예수님의 수난과 죽음과 부활을 보여준다. 그런 이해를 바탕으로 마태복음 26-28장을 큰 덩어리 결론으로 볼 수 있지만, 26-28장 안에서도 부활하신 예수께서 (곧 일어날 것으로 암시되는) 승천을 앞두고 제자들에게 대위임령(the great commission)과 임마누엘 약속을 주시는 마태복음 28:16-20이 결론 중의 결론이라 할 수 있다.

또한 이 단락(28:16-20)은 마태복음의 절정인 마태복음 27:45-54과 직설법-명령법(indicative-imperative)의 관계에 있다.[02] 마

---

01 B. W. Bacon, "The 'Five Books' of Matthew against the Jews," *Expositors* 15 (1918): 56-66.
베이컨은 "···를 마치시고"라는 문장을 이야기와 가르침으로 구성된 다섯 권의 책을 끝맺는 구조표지로 이해한다. 이 구조표지는 마 7:28; 11:1; 13:53; 19:1; 26:1에 나타나며 가르침의 종결인 동시에 각 권의 종결을 보여준다. 1권은 마태복음 3-4장의 이야기와 5-7장의 산상수훈이라는 가르침으로 구성되며, 2권은 8-9장의 이야기와, 10장의 제자도에 대한 가르침, 3권은 11-12장의 이야기와 13장의 천국 비유 가르침, 4권은 14-17장의 이야기와 18장의 교회에 대한 가르침, 5권은 19-22장의 이야기와 23-25장의 바리새인의 오류와 종말에 대한 가르침으로 구성된다. 1-2장은 서론이며, 26-28장은 결론으로 파악한다.

02 직설법-명령법의 패턴은 주로 바울서신에 많이 등장한다(예. 로마서 6:12-23). 직설법은 하나님께서 우리를 위해 하신 일, 즉 구원에 대한 사실을 가리킨다. 명령법은 구원의 은혜에 근거하여 하나님이 우리에게 주신 명령 혹은 하나님이 주신 구원에 대해 우리가 나타내야 할 반응, 즉 윤리나 사명을

태복음 27:45-54은 예수께서 십자가에 죽으심으로써 "자기 백성을 구원하고"(1:21), "자기 목숨을 많은 사람의 대속물로 주고"(20:28), "죄 사람을 얻게 하려고 많은 사람을 위하여 피를 흘려야 하는"(26:28) 대속의 사명을 성취하셨음을 보여주었다. 마태복음 27:45-54은 예수님의 십자가 죽음 장면에 예수님의 부활에 대한 언급("예수의 부활 후에", 마 27:53)을 삽입하여 예수님의 '죽음과 부활'이 함께 가져다주는 죄 사함과 구원과 영생이 무엇인지를 보여주었다. 더 나아가 마태는 예수님의 죽음과 부활이 가져다주는 혜택의 대상이 유대인에 머물지 않고 전 세계 모든 민족이 될 것임을 로마 군인들의 고백을 통해 암시하였다(27:54).

십자가-부활로 이루신 이 성취(27:45-54이 보여주는 직설법)에 근거하여 예수님은 교회에게 "모든 민족을 제자 삼으라"(μαθητεύσατε πάντα τὰ ἔθνη, 28:19)는 사명(28:16-20이 보여주는 명령법)을 주신다. 달리 표현하면 마태복음 27:45-54은 기독론적 절정이고, 마태복음 28:16-20은 교회론적 적용이라 할 수 있다.[03] 예수님의 십자가-부활을 통해 구원과 생명을 얻은 새 언약백성은 십자가-부활로 성부께 "하늘과 땅의 모든 권세"를 받으신 예수님의 능력을 공급 받아 전 세계에 구원과 생명을 확산시켜야 한다. 마태복음 27:45-54과 함께 마태복음 28:16-20은 마태가 독자에게 전달하려 하는 가장 중요한 내용을 담은 마태복음의 두 봉우리라 할 수 있다.

가리킨다. 필자는 이러한 패턴이 복음서에서도 나타난다고 보며, 예수님의 십자가-부활을 직설법으로, 그분이 주신 대위임령을 명령법으로 파악한다.

03 필자처럼 마태복음 27:45-54와 28:16-20을 특정해서 연결하지 않지만, 마태복음 1:21; 18:20; 28:16-20에 나오는 기독론과 교회론이 결합이 마태복음의 특징이라고 지적하는 John P. Meier, *The Vision of Matthew: Christ, Church, and Morality in the First Gospel* (New York, NY: Crossroad, 1979), 216을 보라. 필자는 마태복음 27:45-54을 마태복음 기독론의 절정으로 보기 때문에 이 단락을 마태복음 28:16-20의 교회론적 적용과 연결짓는 것은 매우 타당하다고 본다.

마태가 그린 하나님의 아들, 예수

3. 인자와 하나님의 아들의 우주적 권세

예수님은 갈릴리의 한 산(ὄρος)에서 가룟 유다를 제외한 열 한 제자를 만나셨다. 마태복음에서 산이라는 배경은 예수께서 자기 정체성을 계시하시거나, 하나님의 백성을 창조하시는 장소로서 기독론적, 교회론적 의미를 담고 있는 장소다.[04] 부활하신 예수님은 산에서 제자들을 만나 자신을 "하늘과 땅의 모든 권세를 아버지께 받은 자"(28:18)로 계시하시며, 산에서 그들에게 세계 선교의 사명을 주심으로써 그들을 사명 공동체로 창조하신다.

"하늘과 땅의 모든 권세를 받았다"는 예수님의 말씀은 다니엘 7:13-14를 떠올리게 한다. 다니엘이 본 환상에서 "인자 같은 이"는 "옛적부터 항상 계신 이"로부터 "모든 백성과 나라를 다스리는 영광스러운 권세"를 받았다. 다니엘 7:14에 3회나 등장하는 "권세"(칠십인경 헬라어로 엑수시아[ἐξουσία], 히브리어로 샬탄[שָׁלְטָן])는 모든 지리적, 문화적, 정치적, 민족적 범위를 포괄하는 인류를 다스리는 권세이며, "소멸하지 아니하는 영원한 권세"요 "멸망하지 않는 나라의 권세"로 설명된다. 예수님은 다니엘이 환상 속에서 보았고 장차 올 것으로 기대한 '우주적 권세를 가진 통치자'가 바로 십자가에서 대속의 죽음을 죽으시고 부활하셔서 성부께 "진실로 하나님의 아들"(27:54)이라 인정받은 자기 자신임을 암시하신다.[05] 물론 예수님은 십자가-부활 이전에도 이미 권세를 가진 분이셨다. 십자가-부활

---

04 Terence L. Donaldson, *Jesus on the Mountain: A Study in Matthean Theology*, JSNTSup 8 (Sheffield: JSOT, 1985), 41-48. 앞의 '네 번째 여행' 편을 보라.

05 마태복음 27:54에 나오는 로마 군인들의 "이는 진실로 하나님의 아들이었도다"라는 고백을 예수님의 생애에 대한 하나님의 최종적 인정이요 평가로 보아야 한다는 주장에 대해서 이 책의 '열한 번째 여행' 편을 보라.

후에 받으신 권세가 이전에 가지셨던 권세보다 비교할 수 없이 크다고 말하는 것은 신중하지 못하다.[06] 예수께서 "하늘과 땅의 모든 권세를 받으셨다"는 말은 그분이 이제 절대적인 권세를 부릴 수 있는 영역이 온 하늘과 온 땅을 포함하는 영역, 즉 우주로 확대되었음을 뜻한다.[07] 다니엘 7:13-14에서 이 권세를 받은 이는 '하나님의 아들'이 아니라 '인자'로 지칭된다. 그러나 마태복음에서는 '인자' 칭호도 '하나님의 아들' 칭호에 포섭되기 때문에 우주적 권세를 가진 인자는 우주적 권세를 가진 하나님의 아들로 볼 수 있다.

4. 대위임령과 임마누엘: 하나님의 아들의 명령과 약속

마태복음 28:19의 '그러므로'(οὖν)는 예수께서 다니엘 7장의 '인자'로서 아버지께 받은 우주적 권세(28:18)를 근거로 하여 마태복음 28:19-20의 명령을 주셨음을 보여준다. 부활하신 하나님의 아들이 제자들에게 주신 명령은 모든 민족을 자기들 같은 제자로 만들어 새 계명을 지키며 살게 하라는 것이다. 하나님의 아들 정체성이 선언된 '산 위에서의 환상'을 아무에게도 말하지 말라(17:9)고 하시며 자신의 정체성을 숨기셨던 예수님이시다. 그랬던 예수께서 부활 이후에는 모든 족속에게 자신이 하나님의 아들이시라는 사실을 전파하라 명하신다. 교회는 아버지와 '아들'과 성령의 권위로 세례를 줌으로써 하나님의 아들의 제자를 만들고 하나님의 아들을 드러낸다. 그

---

06 D. A. Carson, "Matthew," in *The Expositor's Bible Commentary: Matthew & Mark*, Vol. 9, eds. Tremper Longman III & David E. Garland (Grand Rapids: Zondervan, 2010), 665.

07 Carson, "Matthew," 665.

리고 예수님은 교회가 하나님 아들의 제자들을 만들 때 옆에서 도우며 능력을 주겠다고 약속하신다. 우주적 권세를 받으신 예수님은 성령님을 통해 교회와 함께 하심으로, 교회가 그 권세를 공유하게 하시고 세계 선교를 위해 사용하게 하신다. 교회의 대위임령 수행은 하나님의 아들의 권세와 임재를 의지할 때 가능하다.[08] 예수님의 성육신이 교회의 구원을 위한 임마누엘이었다면(1:23), 승천 이후에 '항상 함께 하시겠다'는 약속은 교회의 사명 성취를 위한 임마누엘이다(28:20). 마태복음은 주님의 초림을 통한 임마누엘로 시작하고 성령님을 통한 재림 때까지의 임마누엘 약속으로 끝맺는다.

부활 이전의 예수님은 자신의 권세($\dot{\epsilon}\xi o v\sigma\acute{\iota}\alpha$, 마 7:29; 9:8; 11:27; 21:23)를 주로 이스라엘을 위해 행사하셨는데(10:5-6; 15:24), 부활하신 예수님은 더 큰 우주적인 권세를 모든 민족의 구원을 위해 행사하신다.[09] 마태복음 1:1-23은 예수님의 다윗 혈통과 성령님을 통한 초자연적 잉태와 임마누엘 칭호를 통해 그분이 '하나님의 아들'이심을 보여준다. 아브라함 언약에서 모든 민족을 복 주시고 그들의 섬김을 받겠다고 하신 하나님(창 12:3)은 이제 "아브라함의 아들"(1:1)이며 하나님의 아들인 예수를 통해 그 언약을 성취하신다. 특히 예수님의 십자가-부활의 장면(27:45-54)에서 그분의 생애에 대한 최종적인 평가가 하나님께 감동과 계시를 받은 로마 군인의 입에서 나온 것은 예수님의 부활 이후 제자공동체가 이방인 선교에 힘을 쏟을 것이며 점차 이방인이 다수를 이루게 될 것임을 시사한다(27:54).

---

08 그랜트 R. 오스본, 『강해로 푸는 마태복음』(서울: 디모데, 2015), 1201.

09 강 대훈, 『마태복음 주석(하)』(서울: 부흥과개혁사, 2019), 671.

5. 삼위일체 중 한 분이신 하나님의 아들 예수

마태복음에서 예수님은 제자들에게 아버지와 아들과 성령, 즉 삼위 하나님의 이름으로 세례를 주라 명령하신다. 사도행전을 보면 사도들이 "예수 그리스도의 이름으로"(행 2:38; 10:48) 혹은 "그리스도 예수의 이름으로"(행 8:16; 19:5) 세례를 준다. 바울은 간단히 "그리스도 예수로"(롬 6:3) 혹은 "그리스도로"(갈 3:27) 주는 세례를 말한다.[10] 아마도 초대교회에서 세례를 줄 때는 예수님의 이름과 삼위일체의 이름이 혼용되었던 것 같다. 마태는 두 형태 중에 삼위일체의 이름으로 주는 세례를 강조한다(28:19). 이 부분을 직역하면, "그 성부와 그 성자와 그 성령의 이름 안에서 그들에게 세례를 주고"(baptizing them in the name of the Father and of the Son and of the Holy Spirit)이다. 마이클 헤이킨은 "성부", "성자", "성령"이 각각 정관사(τοῦ, the)를 취한 것은 독립된 세 위격을 나타내며, "성부", "성자", "성령"이 "이름"(τὸ ὄνομα)이라는 단수로 묶인 것은 삼위 하나님의 연합을 가리킨다고 주장하는데 상당히 설득력 있는 주장이다.[11]

---

10 마태복음은 삼위일체로 주는 세례를 말하는데, 다른 신약성경에서는 예수님의 이름으로 세례를 주라고 말하는 것 사이에서 혼돈을 느낄 필요가 없다. 진보적인 학자들은 예수님의 이름으로 주는 세례에서 삼위일체 이름으로 주는 세례로의 발전이 있었고 마태복음의 삼위일체는 후대의 교회 행습(practice)이므로 진짜 예수님께서 하신 말씀은 아니라고 주장한다. 그러나 E. Riggenbach의 주장처럼 『디다케』가 기록된 시기(80-90년대)에도 예수 이름의 세례와 삼위일체 이름의 세례는 나란히 공존했으며, 교회는 예수님의 이 말씀을 문자적으로 지켜야 하는 공식으로 여기지 않았고, 세례 문구의 다양성에 대해 당혹감을 느끼지 않았다"고 보는 것이 옳다. 신약성경의 증거들이 보여주는 것처럼 예수 이름의 세례와 삼위일체 이름의 세례는 초기 교회들에서 오랜 기간 동안 공존했다고 보는 것이 타당하다. (E. Riggenbach, *Der Trinitarische Taufbefehl Matt. 28:19* [Gütersloh: Bertelsmann, 1901] cited by Carson, "Matthew," 669.)

11 마이클 헤이킨, 『깊은 영성』(서울: CLC, 2018), 45-47; R. T. France, *The Gospel of Matthew*, NICNT (Grand Rapids: Eerdmans, 2007), 1116.

예수님 자신이 세례를 받으실 때 성령님이 비둘기처럼 그분 위에 임하셨고 아버지는 하늘에서 말씀을 내리셔서 예수께서 '하나님의 아들'이심을 선언하셨다(3:13-17). 예수님의 세례 장면은 곧 시작될 예수님의 공적 사역을 성부께서 이끄시고 성령께서 밀어주실 것을 암시한다. 창세 전에 인류 구원 계획을 함께 논의하셨던 삼위 하나님이 예수님의 공적 사역을 시작하는 세례 때 함께 하셨다. 이것은 인류 구원을 위해 성자 홀로 일하시지 않고 성부, 성자, 성령 삼위 하나님께서 함께 일하실 것을 보여준다. 하나님의 아들 예수님은 혼자만의 계획과 의지로 성육신하신 것이 아니라, 삼위 하나님의 상호 합의, 즉 구속언약(*pactum salutis*, covenant of redemption)에 따라 세상에 나오셨다. 그러므로 성부께 순종하고 성령께 도움 받아 인류 구원의 사역을 이루셨다.

예수님의 세례 장면(3:13-17)이 예수께서 삼위일체 중 아들의 신분을 암시(暗示)했다면, 삼위일체 세례 명령(28:19)은 그것을 명시(明示)하고 있다. "삼위일체의 이름 안으로 들어가는 세례"[12]를 행하라고 교회에 명령하신 분이 아버지, 아들, 성령 중 '아들'이 자신이라는 사실은 예수님의 '아들이심'에 대한 강조로 볼 수 있다. 아버지(τοῦ πατρὸς)의 아들(τοῦ υἱοῦ)이신 예수님은 태초부터 영원까지 성부, 성령처럼 신성을 지니신다. 예수님은 성부, 성령과 함께 십자가-부활 사역을 완수하시어 인류를 구원할 수 있는 근거를 마련하셨다. 그리고 예수님은 성부, 성령과 공유하시는 권세로 세상 끝날까지 교회를 통한 선교를 실행하신다.

한 사람이 제자가 되기 위해서는 삼위일체의 "이름 안으로"(εἰς

---

12 원문은 "아버지와 아들과 성령의 이름 안으로 들어가는 세례를 베풀라"로 되어 있다.

τὸ ὄνομα) 들어가는 세례를 받아야 한다.[13] 이는 성도가 삼위일체 하나님과의 새로운 결속과 헌신과 충성과 복종의 관계에 들어간다는 뜻이다.[14] 마태복음 18:20의 "예수님의 이름 안으로(εἰς τὸ ἐμὸν ὄνομα) 모인 두 세 사람"도 유사한 표현으로서 예수님께 충성하며, 소속되며, 복종하는 자들을 의미한다.[15] 대대로 유일신론자(monotheist)로 살아온 유대인이 여호와가 아닌 다른 존재에게 충성과 복종을 바치는 것이 쉬운 일은 아니었다. 하지만 나사렛 예수께서 단순히 뛰어난 선생이나 예언자가 아니라 신성을 지니시고 인류 구원을 완수하신 '하나님의 아들'이심을 믿은 유대인은 여호와께 바친 충성을 예수님께도 바칠 수 있었다. 지금까지 그는 '아버지'만을 신앙의 대상으로 삼았지만, 이제 예수님의 십자가-부활을 믿고 구원을 경험한 후로는 '아들과 성령'도, 특히 아들이신 예수님을 신앙의 대상으로 삼는다. 부활하신 하나님의 아들이 제자들에게 "성부와 성자와 성령의 이름으로 세례를 주고 내가 너희에게 분부한 모든 것을 가르쳐 지키게 하라"고 하실 때, 예수님은 자신을 삼위일체의 신성과 권세와 능력을 가진 자로 계시하신 것이다. 제자들은 예수께서 분부하신 도(道)를 여호와의 도(道)와 같이 여기며 엄중히 가르치고 지켜야 한다(참고. 시 119:33).[16]

---

13 오스본, 『강해로 푸는 마태복음』 1199는 마태복음 28:19에서 사용된 εἰς는 코이네 헬라어의 용법대로 ἐν과 교차적으로 쓰인다기보다는 고전적 헬라어의 용법대로 쓰였으며, 삼위일체 하나님과의 "교제 안으로", "주권 안으로" 들어가는 세례를 뜻한다고 주장한다.

14 강대훈, 『마태복음 주석(하)』, 673-74.

15 John Nolland, *The Gospel of Matthew*, NIGTC (Grand Rapids: Eerdmans, 2005), 1268.

16 B. W. Bacon의 마태복음 구조 분석을 참고한다면, 마태복음 28:20이 말하는 예수께서 가르치신 도("내가 너희에게 분부한 모든 것")는 마태복음의 프롤로그(1-2장)와 에필로그(26-28장) 사이에 나타나는, "이 말씀을 마치시고"로 표시되는 다섯 개의 가르침 단락으로 볼 수 있다. 그렇다면 다섯 개의 가르침은 첫 번째 가르침(5:3-7:27), 두 번째 가르침(10:5-42), 세 번째 가르침(13:3b-52), 네 번째 가르침(18:1-35), 다섯 번째 가르침(24:1-25:46)으로 구성된다고 볼 수 있다.

마태가 그린 하나님의 아들, 예수

6. 교회 시대를 위한 임마누엘이신 하나님의 아들

마태는 하나님의 구원 역사를 이스라엘 시대, 예수님 시대, 교회 시대의 세 시대로 구분한다.[17] 이스라엘 시대는 메시아의 오심을 기대하고 예고하는 시대였다. 예수님 시대는 메시아 예수께서 성육신하시고, 공적 사역을 통해 제자들을 부르시고, 믿음의 공동체를 창조하셔서, 그들을 가르치시고, 인도하시고, 보호하신 시대였다. 공적 사역의 절정인 십자가와 부활을 완수하신 예수님은 세상을 떠나 본래 거처인 하늘로 돌아가셔야 했기에, 더 이상 육신으로 그들과 함께 하실 수가 없었다. 그래서 예수님은 육신의 몸을 입고는 할 수 없으셨던 온 세계를 향한 선교, 즉 유대인을 넘어 이방인을 포함하는 더 큰 선교를 새 시대의 공동체에 맡기신다.[18] 예수님은 교회 시대라는 새 시대에 복음을 전파하는 교회 공동체에 성령을 통해 임재하시겠다고 약속하신다. 하나님의 아들의 임재, 즉 임마누엘의 방편은 성령님이며, 장소는 교회이며, 목적은 유대인과 이방인으로 이루어진 모든 민족을 향한 선교다. 교회는 하나님 아들의 승천과 재림 사이 기간에 성부, 성령과 함께 삼위일체를 이루시는 하나님의 아들의 능력 주심과 보호하심을 힘입어 담대히 하나님의 왕국을 선포해야 한다. 그리고 그 나라의 확장을 위한 도구로 자신을 온전히 내어드려야 한다.

---

17 John P. Meier, "John the Baptist in Matthew's Gospel," *JBL* 99 (1980): 403-4.

18 Carson, "Matthew," 665.

7. 결론

마태복음 28:16-20은 마태복음 27:45-54에서 예수께서 십자가-부활로 이루신 성취(직설법)에 근거하여 교회에게 분부하신 사명(명령법)을 보여준다. 마태복음에서 산은 기독론적, 교회론적 의미를 가진다. 산이라는 배경에서 예수님은 ① 자신이 십자가-부활을 통해 하늘과 땅의 모든 권세를 받은 자임을 계시하시며, ② 삼위일체 안으로의 세례 명령을 통해 자신이 '하나님의 아들'이심을 계시하시며, ③ 임마누엘의 약속을 교회에게 주심으로 유대인 선교에서 보편적 선교로 나아가는 '새 시대'의 사명 공동체를 창조하신다. 특히 마태는 삼위일체의 이름으로 세례를 주라고 명령하신 예수께서 성부, 성령과 함께 인류 구원을 계획하시고 실행하신 하나님의 아들(성자, 聖子)이심을 나타낸다. 태초부터 영원까지 신성을 지니신 하나님의 아들은 십자가-부활로 인류 구원의 근거를 마련하셨고(직설법), 그 근거 위에 모든 민족이 교회를 통해 구원을 받고 세례를 받아 그분의 제자가 되게 하라고 하신다(명령법). 감사한 것은 예수님께서는 교회에 명령하신 바를 교회가 이루도록 함께 하시고 도우신다. 하나님의 아들 예수님은 재림 때까지 성령으로 교회와 늘 함께 하심으로써, 교회가 세계 선교의 사명을 감당할 수 있도록 능력을 공급해주신다.

8. 적용

예수님은 십자가와 부활로 유대인 중심의 선교를 넘어 보편적 선교로 나아가는 교회 시대를 여셨다. 그분은 교회가 모든 민족에게 나아가 제자 삼는 일을 충성스럽게 행하기를 원하셨다. 그런데 예수님은 사명을 주심과 동시에 그 사명을 이룰 능력도 공급하겠다고 약속하셨다. 성경 곳곳에서 하나님은 사명을 주실 때에 능력까지 주시는 분으로 나타난다. 모세에게 출애굽의 사명을 주시며 "내가 반드시 너와 함께 있으리라"(출 3:12)고 약속하셨다. 모세를 이어 이스라엘을 가나안으로 이끌어야 하는 여호수아에게도 "내가 그들에게 맹세한 땅으로 들어가게 하리니 강하고 담대하라 내가 너와 함께 하리라"(신 31:23)고 보증하셨다. 미디안과의 전쟁을 명령 받고 두려워하는 기드온에게 하나님께서는 "내가 반드시 너와 함께 하리니 네가 미디안 사람 치기를 한 사람을 치듯 하리라"(삿 6:16)고 하셨다. 따라서 대위임령의 성취 여부는 교회의 노력에 달려 있지 않다. 성취를 보증하시는 하나님의 아들의 임재(임마누엘)에 대한 신뢰와 의존과 순종에 달려 있다. 하나님은 일을 명하신 후에 그 일을 성취할 능력까지 주시는 분이시다. 우리가 그분을 의지하고 순종하면 하나님은 우리를 통하여 그 일을 이루신다. 우리가 의심하고 불순종하면 하나님은 다른 사람을 통해 그 일을 이루실 것이다.

결론 :
마태가 그린 하나님의 아들 예수

결론 : 마태가 그린 하나님의 아들 예수

1. 마태복음의 '하나님의 아들' 기독론을 향한 여행을 마치며

지금까지 우리는 마태가 우리의 구원자 예수님을 '하나님의 아들'로 소개한 본문들을 살펴보았다. 마태는 예수님을 여러 가지 칭호와 주제로 묘사하지만,[01] 코스 요리처럼 다양한 칭호와 주제들 가운데 주 요리는 '하나님의 아들'임을 열두 본문 탐구를 통해 입증했다. 마태가 예수님께서 '하나님의 아들이심'을 집중 조명한 이유는 예수님의 신성과 성부와의 특별한 관계, 그리고 성부에 대한 성자의 순종을 강조하고자 함이다. 마태복음은 신성을 가지신 예수께서 태초에 성부 하나님과 의논한 구원 계획에 동의하셨고 순종하셔서 인간으로 이 땅에 오셨고, 그분과의 특별한 관계 속에서 사탄의 유혹과 핍박을 이겨내시고 인류 구원의 사명을 성취하셨음을 보여주는 책이다.

---

01 하나님의 아들, 사람의 아들(인자), 다윗의 아들(자손), 주(主), 이스라엘의 왕, 유대인의 왕, 임마누엘, 새 모세, 새 이스라엘, 메시아(그리스도) 등이 마태복음에서 사용된 기독론적 칭호와 주제다.

2. 열두 번의 탐구의 핵심 정리

(1) 하나님의 아들이 이스라엘의 회복자로서 탄생하셨다.
  – 마태복음 1:1-23

예수님께서는 다윗의 자손으로 오셨다(1:1). 하나님을 거역하고 징벌을 받아 포로 가운데 있는 이스라엘을 회복시키는 다윗과 같은 참 목자로서 이 땅에 오셨다(겔 34:23). 예수님께서는 영원한 왕위를 주신다는 하나님의 약속을 받은 다윗 왕의 자손으로 오셔서, 영원한 왕으로 이스라엘을 다스리실 것이다(삼하 7:12). 또한 예수님께서는 아브라함의 자손으로 오셨다. 하나님께서는 아브라함의 자손이 땅의 모든 민족에게 복을 나누는 존재가 될 것이라고 약속하셨다(창 12:3). 그분의 통치는 이스라엘을 넘어 세계 만민에게 이를 것이다.

마태는 처녀 마리아를 통한 출생 이야기를 통해 예수님의 초자연적, 신적 기원을 보여준다. 성령으로 잉태되신 그분은 '요셉의 아들'이라 불린 적이 없으며 '그 목수의 아들'(13:55)로만 불릴 뿐이다. 이는 '하나님의 아들'의 초자연적 출생을 강조하기 위해서다. 예수께서 요셉의 법적 아들이지만 육신적 아들은 아니다. 700년 전 이사야를 통한 '하나님의 임재'에 대한 약속, 임마누엘이 예수님의 탄생을 통해 성취되었다. 성자의 성육신은 성자를 통한 성부의 임재의 실현이다. 하나님께서는 약속에 신실하시다. 가장 소중한 당신의 아들을 주시기까지 하시면서 반드시 약속을 지키신다.

(2) 하나님의 아들은 새 모세요, 새 이스라엘이다.

– 마태복음 2:13-16

마태복음 2:15은 예수님을 명시적으로 '하나님의 아들'로 부른 첫 구절이다. 마태는 아기 예수께서 헤롯 대왕의 박해를 피해 애굽으로 도피하신 일을 두고 "애굽에서 내 아들을 불렀다"라는 호세아 11:1 말씀의 성취라고 이해한다. 마태가 이러한 결론에 이르기까지 그의 사고 과정에 네 단계의 발전이 있었던 것으로 보인다.

첫째, 마태는 주전 15세기의 역사적 출애굽 사건을 하나님의 모든 구원사건의 전형으로 이해하였다.

둘째, 마태는 호세아 11:1의 주변 문맥과 호세아서 전체 문맥이 과거 출애굽을 닮은 새 이스라엘의 새 출애굽을 기대하고 있다고 보았다.

셋째, 마태는 호세아 11:1의 좁은 문맥과 넓은 문맥에서 호세아가 새 모세를 통한 새 출애굽을 기대하고 있음을 보았다.

넷째, 마태는 새 출애굽을 향한 호세아의 두 가지 기대(새 이스라엘과 새 모세)가 예수님의 생애와 사역을 통해 성취될 것이며, 아기 예수의 애굽 도피를 통해 성취가 시작되었다고 이해하였다. 마태에게 있어 아기 예수의 애굽-이스라엘 왕복 여정은 단순한 사건이 아니라, 하나님의 아들이 새 출애굽을 통해 자기 백성을 구원할 것에 대한 요약적이고 상징적인 사건이다.

마태가 그린 하나님의 아들, 예수

(3) 하나님의 아들은 다윗 혈통의 왕이자 고난 받는 종이다.

- 마태복음 3:13-17

죄 없는 예수께서 세례를 받으신 것은 자기 자신을 죄 중에 있는 언약백성과 동일시하기 위함이었다. 그분이 세례를 받으실 때 들려온 "이는 내 사랑하는 아들이요 내 기뻐하는 자라"는 하늘의 목소리는 성부께서 예수님을 '나의 아들'로 인정하신다는 뜻이다. 성부의 관점은 마태의 관점이다. 마태는 독자에게 '예수님께서 하나님의 아들이심'을 주지시키려 한다. 성부의 말씀은 시편 2:7과 이사야 42:1을 암시한다. 시편 2:7은 다윗을 잇는 왕들의 대관식과 관련되며, 예수님을 이스라엘과 이방을 통치하는 메시아-왕으로서 그린다. 이사야 42:1은 여호와의 고난 받는 종에 대한 말씀이며, 예수님을 하나님의 백성을 구원하기 위해 고난당하는 분으로 그린다. 예수께서 세례를 받으실 때 성부와 성자와 성령께서 모두 등장하신다. 성자는 성부의 뜻에 순종함으로써 성령님의 지원을 받아 창세전부터 삼위 하나님이 함께 논의하셨던 구원계획을 실행하실 것이다.

(4) 하나님의 아들이 광야에서 사탄의 유혹을 이기시다.

- 마태복음 4:1-11

'하나님의 아들'(신 8:5; 출 4:22)로 불린 구약의 이스라엘은 광야에서 하나님께 불순종함으로 진정한 하나님의 아들이 되지 못했다. 하지만 예수님께서는 광야에서 사탄의 시험을 이기심으로 하나님의 뜻에 순종하는 진정한 '하나님의 아들'임을 증명하셨다. 사탄은 예수님께 하나님의 아들로서의 능력을 스스로를 위해 사용하라고 유혹했지만, 예수님께서는 오히려 많은 사람의 죄를 사하기 위해 죽음을 감당하심으로 자신의 능력을 보이셨다. 사탄은 예수님께 성전에서 뛰어내려 천사의 보호를 받음으로 하나님의 아들임을 증명하라고 유혹했지만, 예수님께서는 자기 뜻대로 사람들에게 기적을 보임으로써가 아니라 하나님의 뜻과 방법을 신뢰하고 순종함으로써 하나님의 아들 됨을 증명하셨다. 공생애를 시작하는 중요한 시기에 사탄은 예수님의 '하나님의 아들임'을 공격하지만, 예수님께서는 '아들이심'을 확신하고 증명하신다. 공생애를 마무리하는 십자가 사역 중에 사탄은 다시 예수님의 '하나님의 아들임'을 공격할 것이다. '하나님의 아들'이 예수님의 자기 정체성 이해의 핵심이기 때문이다.

(5) 하나님의 아들은 백성을 치유하는 여호와의 종이요, 목자다.
　　- 마태복음 8:28-34

예수님과 마주친 악한 영들은 예수께서 '하나님의 아들'이심을 알았다. 그러나 그들의 지식은 믿음과 상관없는 지식이었고 그들에게 두려움만 일으키는 지식이었다. 예수님께 악한 영들은 구원과 긍휼의 대상이 아니며, 악한 영들의 통제와 괴롭힘을 받은 사람들이 긍휼의 대상이다. 예수님께서는 목자 없는 양같이 고생하고 기진하는 무리를 불쌍히 여기셨기에, 대속의 십자가 죽음을 통해 사람들의 영혼을 죄에서 해방하실 뿐 아니라 육신의 고통에서도 건지셨다. 예수님은 자기 백성을 치유하는 여호와의 종(8:17; 사 53:4)이자 긍휼의 목자(9:36; 겔 34:23)이셨다.

(6) 하나님의 아들은 자연을 다스리는 여호와의 현존이시다.
     – 마태복음 14:22-33

제자들이 밤 사경 바다 위에서 풍랑으로 고생할 때 예수님은 산에서 기도하시는 중에 그들의 상황을 알고 계셨다. 예수님은 물 위를 걷는 행동과 "나다"(I AM, ἐγώ εἰμι)라는 의미 깊은 말씀을 통해 자신이 여호와(YHWH)의 신현(神現, theophany)임을 알리신다. 구약성경은 여호와 하나님을 물을 밟고 바람을 다스리시는 분으로 그리며(욥 9:8; 시 65:7; 사 43:16; 합 3:15), "나다"라는 말씀을 통해 이스라엘을 구원하고 인도하겠노라 약속하시는 분으로 그린다(창 17:1; 26:24; 31:13; 46:3; 출 3:14). 하나님의 아들은 믿음이 부족한 제자들을 책망하시지만 구원의 손길을 내밀어 주신다. 제자들은 여호와께 드린 경배를 하나님의 아드님께 드리기를 주저하지 않았다(14:33). 예수께서 하나님의 아들이심은 머리로만 알아서는 안 된다. 입술로 고백하고 몸을 굽혀 경배해야 할 진리이다.

(7) 하나님의 아들은 하나님의 아들들의 공동체를 세우신다.
     – 마태복음 16:13-20

예수님께서는 로마 황제 숭배와 그리스 목신(牧神) 판(Pan) 숭배가 만연한 도시였던 가이사랴 빌립보에서 "나를 누구라고 말하느냐?"고 물으신다. 군중들은 예수님을 세례 요한, 엘리야, 예레미야, 선지자 중 하나로 보았지만, 베드로로 대표되는 제자들은 초자연적 계시를 통해 예수님을 '하나님의 아들'로 고백하였다. 베드로는 예수님을 이스라엘의 구원자인 그리스도(메시아)요 동시에 신성을 가진 하나님의 아들이라고 고백함으로써 마태복음에서 최고 수준의 고백을 하였다. 베드로의 고백은 "살아계신 하나님의 아들들"(호 1:10)이라는 구약 표현의 영향을 받은 것으로 보인다. 그렇다면 베드로의 고백은 살아계신 하나님이 이스라엘을 회복하기 위해 행동하시리라는 호세아서의 약속이 예수님을 통해 성취될 것이라는 믿음의 표현이다. "살아계신 하나님"(16:16)이라는 표현은 하나님 자신이 생명이시며, 자기 안에 생명을 소유하시고, 그 생명을 사람들에게 나누어주시는 유일한 존재이심을 뜻한다. 따라서 교회의 설립자요 주인이신 "살아계신 하나님의 아들" 예수님께서 "살아계신 하나님의 아들들"로 이루어진 교회를 세우시며 그들에게 생명을 주신다는 의미가 담겨 있는 것이다. "살아계신 하나님의 아들"(16:16)이 세우는 "하나님의 아들의 교회"(16:18)는 "두 세 사람이 하나님의 아들의 이름으로 모인"(18:20) "살아계신 하나님의 아들들"(호 1:10)의 공동체요 새로운 "하나님의 백성"(호 1:10)이다.

(8) 하나님의 아들은 십자가를 통과한 후에 영광을 얻으실 것이다.
　 - 마태복음 17:1-9

'변화 사건'에서 예수님께서는 본래 가지고 계셨던 영광, 그러나 부활과 승천과 재림 때에 절정에 도달할 영광을 잠시 나타내 보이셨다. 예수께서 산 위에서 영광스러운 모습으로 변화되셨을 때 구름 속에서 "이는 내 사랑하는 아들이요 내 기뻐하는 자니 너희는 그의 말을 들으라"(17:5)는 성부의 목소리가 들렸다. 성부의 목소리는 예수께서 하나님의 아들이라는 점을 강조하는데, 세 가지 점에서 양면적이다.

첫째, 주변 문맥이 예수님의 고난과 죽음이라는 주제로 둘러싸여 있다는 점에서 그렇다. 하나님을 기쁘시게 하며 순종하는 하나님의 아들은 비극적인 죽음을 경험한 후에 영광스러운 부활을 맞이하실 것이다.

둘째, 변화 사건 장면은 십자가 처형 장면과 '회화적 대조평행관계'(pictorial antithetical parallelism)에 있다는 점에서 그렇다. 두 장면은 구조적으로 매우 닮아 있지만, 색, 주제, 분위기는 대조적이다. 두 장면은 내본문적으로(intratextually) 연결되어 있다. 본문 자체가 잘 연결되어 있어서 예수께서 얻으실 영광이 십자가의 비참을 통과한 후에 주어질 것을 보여준다.

셋째, "내 사랑하는 아들이요 내 기뻐하는 자"라는 표현을 간본문적으로(intertextually) 볼 때 하나님의 아들은 영광스럽게 승리하는 왕의 이미지(시 2:7)와 많은 사람의 죄 사함을 위해 고난 받는 종의 이미지(사 42:1)를 동시에 지니고 있다는 점에서 그렇다. 하나님의 아들의 의미가 구약의 메시아적 본문을 통해 잘 설명되고 있다.

그러므로 변화 사건은 우뚝 솟은 산봉우리 같은 예수님의 영광과 깊고 어두운 골짜기 같은 예수님의 고통, 양면을 잘 보여준다.

(9) 하나님의 아들은 그리스도요 인자로서 신성을 가지신 분이다.
　　- 마태복음 26:57-68

예수께서 산헤드린 공회의 재판에서 신성모독으로 사형을 선고 받으신 이유는 그분이 스스로를 하나님의 아들, 그리스도, 인자라는 세 칭호를 함께 사용하여 자신의 정체성을 정의하셨기 때문이다. 이 셋을 종합한 정체성은 여호와 하나님과 같은 신적인 존재임을 의미한다. 또한 시편 110:1을 인용하여 자신이 하나님의 임재로 직접 나아갈 수 있고 최후 심판 때의 재판장이라 주장하심으로써 여호와께 드릴 예배를 대제사장에게 요구하셨다. 이러한 주장을 간파한 대제사장은 옷을 찢으며 예수님의 신성모독에 대해 사형을 선고했던 것이다. 산헤드린 공회 재판에서 하나님의 아들 칭호는 세 칭호 중 하나이지만, 수난 이야기가 진행될수록 많은 기독론 칭호들을 수렴하는 중심적 칭호로서의 역할을 하게 된다.

(10) 하나님의 아들이 십자가 위에서 사탄의 유혹을 이기시다.

— 마태복음 27:40, 43

예수님께서는 공적 생애를 시작하시면서 광야에서 사탄에게 받으신 세 차례 시험 중, 두 차례 '하나님의 아들 신분'에 대한 시험을 받으셨다(4:3, 6). 예수님은 십자가 위에서도 사탄에게 세 차례 시험 중, 두 차례 '하나님의 아들 신분'에 대한 시험을 받으셨다(27:40, 43). 사탄의 공격이 예수님의 '하나님의 아들이심'이라는 정체성에 집중된 이유는 성부 하나님과의 신뢰관계가 깨어지면 예수께서 담당한 인류 구원의 사역이 실패로 돌아갈 것을 알았기 때문이다. 광야에서 돌로 떡을 만들고, 성전 꼭대기에서 뛰어 내려 자신이 '하나님의 아들'이라는 사실을 증명하라는 유혹을 물리친 예수님은, 십자가 위에서도 동일한 유혹을 물리치고 십자가를 참아내신다(히 12:2). 하나님께서는 이렇게 십자가를 순종함으로 죽임 당하신 예수님을 다시 일으키심으로써(27:53), 예수께서 '하나님의 참된 아들'이심을 인정하셨다.

(11) 하나님의 아들이 로마 군인의 입으로 고백되다.

　　- 마태복음 27:45-54

　　예수님께서는 자신의 정체성과 능력을 자신의 유익을 위해 사용하지 않으셨다. 그리고 성부의 뜻에 순종하여 언약백성을 구원하기 위해 자신을 낮추시고 능력을 제한하심으로 십자가에서 돌아가셨다. 하나님께서는 이러한 예수님의 '의로우심'과 '하나님의 아들이심'을 승인하시는 뜻으로 그분을 다시 살리셨고(27:53), 로마 백부장의 입을 통해 예수님의 '하나님의 아들이심'을 고백하게 하셨다(27:54). 마태복음 27:53의 "예수의 부활 후에"라는 문구는 마태복음 28:1-10이 다루는 예수님의 부활을 당겨 이야기함으로써 예수님의 죽음과 부활을 결합하는 기능을 한다. 이 결합을 통해 마태는 예수님의 죽음과 부활이 별개의 사건이 아니라 '하나의 구원사건'임을 보여준다. 로마 백부장이 했던 "이는 진실로 하나님의 아들이었도다"라는 고백은 예수님의 신성에 대한 선포이며, 자기 백성의 구원을 이룬 예수님의 전(全) 생애를 기뻐하신다는 성부의 평가이며, 교회가 이방인 선교를 향해 본격적으로 나아갈 수 있는 토대를 마련한 구속사적 사건이다.

(12) 하나님의 아들은 교회와 늘 함께 하실 것이다.

　　- 마태복음 28:16-20

　　예수께서 십자가-부활로 이루신 성취(직설법)는 교회에게 분부하신 세계 선교의 사명(명령법)으로 이어진다. "모든 민족을 제자 삼으라"는 대위임령은 예수님께서 십자가-부활을 통해 이루신 죄 사함과 구원과 영생이라는 직설법에 근거해서 주어졌다. 승천하시기 전에 산에서 제자들을 만나신 예수님께서는 자신이 십자가-부활을 통해 하늘과 땅의 모든 권세를 받은 다니엘 7장의 "인자 같은 이"임을 계시하신다. 그리고 인류 구원을 위해 구속언약을 맺으신 삼위일체 중 성자('하나님의 아들')이심을 계시하시면서, 교회가 세계 선교를 감당할 수 있도록 임마누엘로서 함께 하시겠다고 약속하신다.

3. 결론

마태복음은 여러 기독론적 칭호와 주제를 사용하여 예수님의 정체성과 사역을 그려낸다. 우리는 그 칭호들과 주제들 가운데 '하나님의 아들' 칭호가 마태의 기독론의 중심에 있음을 열두 개의 마태복음 본문 탐구를 통해 확인했다. '하나님의 아들' 칭호는 예수님의 출생부터 여러 사역의 순간들을 지나 십자가 죽음과 부활까지 마태가 그분의 정체성을 그려내는 핵심적인 도구가 되고 있다. 적어도 마태복음에서는 '하나님의 아들' 칭호에 대한 이해가 예수께서 어떤 분이시며, 어떻게 자기 백성의 구원을 성취하시는지를 이해하는데 핵심적이다.

하나님의 아들이신 예수님께서는 메시아, 즉 이스라엘의 구원자로서 이 땅에 탄생하셨다. 그분은 아기일 때 이미 하나님으로부터 '새 모세'와 '새 이스라엘'의 사명을 위탁 받으셨다. 세례를 받으실 때는 다윗 혈통의 왕이자 고난 받는 종의 사명을 감당할 자로 인정 받으셨다. 광야에서 사탄의 유혹을 받으셨으나 '하나님의 아들' 정체성을 지켜내셨다. 공생애 동안 영적으로 방황하는 백성들을 향해 사랑이 넘치는 목자의 마음으로 일하셨고, '여호와의 종'의 마음으로 그들의 고통을 나누셨다. 제자들에게 자연을 다스리시는 여호와의 권능을 가지셨음을 보이시기도 했다. 베드로가 예수님을 '하나님의 아들'(16:16)로 고백하자, 베드로와 같은 고백을 하는 자들로 '하나님의 아들들'(롬 9:26)의 공동체를 세우겠다고 약속하셨다. 천상의 눈부신 영광을 버리고 오셨지만 십자가를 통과한 후에 그 놀라운 영광을 회복하시겠다고 예고하셨다.

유대교 지도자들은 그분을 알아보지 못하고, 도리어 그분이 신성을 모독한다고 분노하였다. 하지만 예수님께서는 십자가 위에서 사탄의 마지막 유혹을 이기셨고, 성부께 순종하는 아들로서 십자가에서 대속의 제물로 죽으셨고, 성경의 약속대로 다시 살아나셨다. 예수님의 부활은 그분이 하나님의 아들이심에 대한 성부의 인정이고 선언이다. 부활하신 예수님께서는 무덤에 잠자던 유대인들을 죽음에서 깨우심으로써, 장차 성도에게 주실 부활 영광을 미리 보여주셨다. 예수님께서는 당신을 십자가에 못 박은 이방인 군인들에게도 '하나님의 아들'로 고백을 받으심으로, 그분이 유대인들만의 메시아가 아니라 이방인들의 메시아도 되심이 분명해졌다. 부활하시어 하늘과 땅의 모든 권세를 성부께 받으신 예수님께서 제자들에게 세계 선교의 사명을 주시면서, 그 사명 성취를 돕기 위해 교회와 늘 함께 하시겠다고 약속하신다. 교회는 예수님을 삼위일체 하나님 중 한 분, 곧 하나님의 아들로 고백함으로써 그분을 예배하며 증언하는 사명을 세상 끝날까지 감당할 것이다. 그리고 그 하나님의 아들은 약속대로 항상 옆에서 우리를 도우실 것이다.

마태복음 설교와 연구를 위한 추천도서

1. 설교 준비를 위한 자료

강 대훈, 『마태복음 주석: 하늘에서처럼 땅에서도』, 상, 하권 (서울: 부흥과개혁사, 2019).
강 대훈 교수는 영국 브리스톨의 트리니티칼리지에서 존 놀랜드 교수의 지도 아래 '마태복음의 하늘 이미지와 상징'에 관한 논문을 써서 박사 학위를 받았다. 이 책은 지금까지 한국인이 쓴 마태복음 주석 가운데 가장 방대하며 충실하다. 중요한 주석들만 아니라 상당한 양의 영어권, 한국어권 학자들의 박사논문, 단행본, 소논문과 대화하며 주석을 썼다. 단언컨대 질에 있어서나 양에 있어서나 이 책을 넘어서는 한국어로 된 마태복음 주석은 당분간 나오기 힘들 것이다.

채 영삼, 『마태복음의 이해: 긍휼의 목자 예수』 (서울: 이레서원, 2011).
채 영삼 교수는 트리니티복음주의신학교에서 슈나벨 교수의 지도 아래 '다윗 기독론'을 중심으로 마태복음을 이해하는 박사논문을 썼다. 이 박사논문의 주제에 기초하여 목회자와 평신도를 위해 쉬운 수준으로 풀어쓴 마태복음 해설서가 이 책이다. 이 책은 '다윗 계열의 종말론적 목자'라는 구약성경의 주제를 통해 예수님을 이해하며, 마태복음을 관통한다. 하나의 실로 마태복음의 여러 구슬을 다 꿰는 것이 장점이지만, 동시에 본문해석에 있어 한 관점이 지나치게 큰 힘을 발휘하는 것이 약점이 될 수도 있음을 주의하며 읽는다면 많은 통찰을 얻을 수 있는 책이다.

조나단 T. 페닝톤, 『복음서 읽기: 복음서의 내러티브와 신학적 개론』 (서울: CLC, 2015).
미국의 남침례신학교에서 가르치는 페닝톤은 이 책에서 복음서 장르를 어떻게 이해할지, 4복음서의 다양성을 어떻게 받아들일지, 성경 해석에 있어 저자의 의도, 본문의 의미, 독자의 자세가 무엇인지, 마지막으로 복음서를 내러티브로 읽는 방법론에 대해 가르쳐준다. 복음서에 대한 해석 이론과 실제에 있어 최고의 책이다.

그랜트 R. 오스본, 『강해로 푸는 마태복음』, 존더반신약주석 (서울: 디모데, 2015).

존더반출판사에서 기획한 ZECNT주석은 헬라어 본문에 대한 충실한 주해에 신학적 적용이 더해진 주석으로서, 높은 수준의 본문 연구를 원하는 학자나 설교를 준비하는 목회자나 다 사용할 수 있는 다목적 주석시리즈다. 본문 도해와 주요 개념 분석은 본문의 숲을 보게 해주고, 세밀한 헬라어 분석은 나무를 보도록 도와준다. 고(故) 오스본 박사는 필자의 스승이시다.

R. T. 프랜스, 『마태복음』, NICNT 신약주석시리즈 (서울: 부흥과개혁사, 2019).

현대 성경연구의 성과를 반영하면서도 성경의 무오교리에 충실한 주석으로 기획된 주석이 NICNT 시리즈이다. 프랜스는 갈릴리와 예루살렘의 지리적, 문화적, 경제적, 종교적 차이라는 배경 속에서 마태복음 읽기를 시도함으로써, 예수님이 갈릴리에서 사역을 시작하셔서 성전에 있는 예루살렘으로 나아가신 이유를 납득시킨다. 예수님의 지리적 이동에 따라 마태복음의 구조를 파악하며, 앞뒤 문맥과의 관련성 속에서 한 본문의 위치를 파악하여 주석하는 점이 이 책의 강점이다.

데이비드 터너, 『마태복음』, BECNT시리즈 (서울: 부흥과개혁사, 2014).

BECNT 주석은 헬라어 본문과 깊이 씨름하고 유대 배경을 상세히 다룸으로써 학문적으로 높은 수준을 달성하면서도 설교자를 위한 신학적 통찰이 곳곳에 풍성하다. 깊이 있는 설교를 하기 원하는 목회자라면 꼭 참고해야 할 주석이다.

2. 학문적 연구를 위한 자료

도널드 A. 해그너, 『마태복음』, 상, 하권, WBC성경주석시리즈 (서울: 솔로몬, 1999).

WBC 주석도 학문적으로 높은 수준의 주석이며, 섹션별로 저자의 번역과 사본학적 논의와 함께 다수의 연구자료 목록을 제공한다. 본문과 관련된 구약에 대한 언급과 함께 유대문헌의 사용에 대해서도 논의한다. 섹션을 마무리하는 설명 코너에서 신학적 주제에 대해 간단한 묵상도 제공한다. 설교 준비를 위해 사용하기에는 너무 전문적이지만, 신학적 깊이를 더하기 원하는 목회자에게 비장의 무기가 될 수 있는 주석이다.

마이클 윌킨스, 『마태복음』, NIV적용주석 (서울: 솔로몬, 2009).

NIV 번역 본문을 기초로 만들어진 주석이며, '본래의 의미', '다리 놓기', '현대적 적용'이라는 세 부분으로 구성되어 있다. '본래의 의미'에서는 주해에 집중하며, '다리 놓기'에서는 역사적 배경과 신학적 주제를 다루며, '현대적 적용'에서는 본문을 현대 상황에 어떻게 적용할지를 보임으로써 설교에 응용할 수 있도록 돕는다. '현대적 적용' 부분은 서구 문화권의 상황을 다루고 있어 우리가 설교 준비에 활용하기에는 가치가 의외로 낮다. 한국의 신학자들이 '현대적 적용' 부분을 새롭게 쓸 수 있다면 좋지 않을까라는 생각이 든다.

D. A. Carson, "Matthew," *Matthew & Mark*, 2nd ed., EBC 9, eds. Tremper Longman III & David E. Garland (Grand Rapids: Zondervan, 2010): 23-670.

복음주의 신약학자이며 운동가인 트리니티복음주의신학교의 연구교수 D. A. 카슨은 치밀한 학문적 논의를 포함하는 좋은 마태복음 주석을 집필했다. 엑스포지터스 주석 시리즈의 마태복음 부분이다. 각 본문에 대한 해설에 학자들이 관심을 가지고 있는 주제들과 학자들 간의 논쟁의 이슈가 무엇인지를 추가하여, 본문의 흐름을 파악과 학문적 논의, 둘 다 가능하게 하는 주석이다. 번역이 되어 있지 않으므로, 설교하고자 하는 본문에 대한 카슨의 해설을 차곡차곡 따라가다 보면 다른 주석에서 찾기 어려운 깊이 있는 해설을 제공받을 수 있다.

참고문헌

Allison, Dale C. "The Baptism of Jesus and a New Dead Sea Scroll." *BAR* 18/2 (1992): 58-60.

Allison, Dale C. *The New Moses: The Matthean Typology*. Minneapolis: Fortress, 1993.

Bacon, B. W. "The 'Five Books' of Matthew against the Jews." *Expositors* 15 (1918): 56-66.

Beale, G. K. and D. A. Carson, eds. *Commentary on the New Testament Use of the Old Testament.* Grand Rapids: Baker, 2007. = 『신약의 구약사용 주석 시리즈』. 1-5권. 서울: 기독교문서선교회, 2010-12.

Beale, Gregory K. "Inaugural Lectures: The Cognitive Peripheral Vision of Biblical Authors." *WTJ* 76 (2014): 263-93.

Beale, Gregory K. "The Use of Hosea 11:1 in Matthew 2:15: One More Time". *JETS* 55 (2012): 697-715.

Bell, R. H. "Demon, Devil, Satan", *Dictionary of Jesus and the Gospels*. Edited by Joel Green, Jeannine Brown, Nicholas Perrin. 2nd ed. Downers Grove: InterVarsity Press, 2013.

Blomberg, Craig L. *Matthew*. NAC 22. Nashville: B&H, 1992.

Bock, Darrell L. "Blasphemy and the Jewish Examination of Jesus." Pages 589-667 in *Key Events in the Life of the Historical Jesus*. Edited by Darrel L. Bock and Robert L. Webb. Grand Rapids: Eerdmans, 2009.

Bock, Darrell L. "The Son of Man Seated at God's Right Hand and the Debate over Jesus' 'Blasphemy.'" Pages 181-91 in *Jesus of Nazareth Lord and Christ: Essays on the Historical Jesus and New Testament Christology*. Edited by Joel B. Green and Max Turner. Grand Rapids: Eerdmans, 1994.

Brown, Jeannine K. and Kyle Roberts. *Matthew*. THNTC. Grand Rapids: Eerdmans, 2018.

Carson, D. A. "Matthew." Pages 23-670 in *Matthew & Mark*. EBC 9. Edited by

Tremper Longman III & David E. Garland. Grand Rapids: Zondervan, 2010.

Carter, Warren. *Matthew and the Margins: A Sociopolotical and Religious Reading*. Maryknoll, NY: Orbis, 2000.

Catchpole, David R. "The Answer of Jesus to Caiaphas (Matt xxvi.64)." *NTS* 17 (1970): 213-26.

Collins, Adela Yarbro and John J. Collins. *King and Messiah as Son of God: Divine, Human, and Angelic Messianic Figures in Biblical and Related Literature*. Grand Rapids: Eerdmans, 2008.

Davies, W. D. and D. C. Allison, *Matthew 1-7*. ICC. London: T&T Clark, 1988.

Davies, W. D. and D. C. Allison. *Matthew 8-18*. ICC. London: T&T Clark, 1991.

Davies, W. D. and D. C. Allison. *Matthew 19-28*. ICC. London: T&T Clark, 1997.

Donaldson, Terence L. *Jesus on the Mountain: A Study in Matthean Theology*. JSNTSup 8. Sheffield: JSOT, 1985.

Evans, Craig A. "In What Sense of 'Blasphemy'?: Jesus before Caiaphas in Mark 14:61-64," Pages 406-34 in *Jesus and His Contemporaries: Comparative Studies*. Arbeiten zur Geschichte des Antiken Judentums und des Urchirstentums 25. Leiden, Netherlands: Brill, 1995.

Evans, Craig A. *Matthew*. NCBC. New York: Cambridge University Press, 2012.

Fenton, J. C. "Matthew and the Divinity of Jesus: Three Questions concerning Matthew 1:20-23." Pages 79-82 in *Studia Biblica 1978, Vol 2: Papers on Gospels*. Edited by E. A. Livingstone. Sheffield: JSOT Press, 1980.

France, R. T. *The Gospel of Matthew*. NICNT. Grand Rapids: Eerdmans, 2007. = 프랑스, R. T. 『마태복음』. NICNT신약주석시리즈. 서울: 부흥과개혁사, 2019.

Garrett, Duane A. *Hosea*, Joel. NAC. Nashville: B&H, 1997.

Goodwin, Mark J. "Hosea and 'the Son of the Living God' in Matthew 16:16b." *CBQ* 67 (2005): 265-83.

Green, Michael P. *The Message of Matthew: The Kingdom of Heaven*. BST. Downers Grove, IL: InterVarsity Press, 2001. = 그린, 마이클. 『마태복음 강해』. BST 성경강해시리즈. 서울: IVP, 2005.

Grenz, Stanley, David Guretzki, and Cherith Fee Nording. *Pocket Dictionary of Theological Terms*. Downers Grove, IL: InterVarsity Press, 1999. = 그렌츠, 스탠리 J., 데이비드 거레츠키 외 1명. 『신학용어사전』. 전자책. 서울: 알맹e, 2018.

Grogan, Geoffrey W. *Isaiah, Jeremiah, Lamentations, Ezekiel*. EBC. Grand Rapids, Zondervan, 1986.

Gundry, Robert H. *Mark*. Grand Rapids: Eerdmans, 1993.

Gundry, Robert H. *Matthew: A Commentary on His Handbook for a Mixed Church under Persecution*. Grand Rapids: Eerdmans, 1994.

마태가 그린 하나님의 아들, 예수

Gurtner, Daniel M. *The Torn Veil: Matthew's Exposition of the Death of Jesus*. Cambridge: Cambridge University Press, 2007.

Hagner, Donald A. *Matthew 1-13*. WBC 33A. Dallas: Word, 1998. = 헤그너, 도날드. 『마태복음 (상)』. WBC성경주석시리즈. 서울: 솔로몬, 1999.

Hagner, Donald A. *Matthew 14-28*. WBC 33B. Dallas: Word, 1998. = 헤그너, 도날드. 『마태복음 (하)』. WBC성경주석시리즈. 서울: 솔로몬, 2000.

Hagner, Donald A. *The New Testament: A Historical and Theological Introduction*. Grand Rapids: Baker, 2012. = 헤그너, 도날드. 『신약개론: 역사적·신학적 서론』. 서울: 부흥과개혁사, 2014.

Hamilton, James M. *With the Clouds of Heaven: The Book of Daniel in Biblical Theology*. NSBT. Downers Grove: InterVarsity Press, 2014.

Keener, Craig S. *The Gospel of Matthew: A Socio-Rhetorical Commentary*. Grand Rapids: Eerdmans, 2009.

Kingsbury, Jack D. *Matthew as Story*. 2nd ed. Philadelphia: Fortress, 1988. = 킹스베리, 잭 딘. 『이야기 마태복음』. 서울: 요단, 2000.

Kingsbury, Jack D. *Matthew: Structure, Christology, Kingdom*. Minneapolis: Fortress, 1975. = 킹스베리, J. D. 『마태복음서 연구』. 서울: CLC, 1990.

Knibb, Michael A. "Exile in the Literature of the Intertestamental Period." *The Exile* 17 (1976): 253-72.

Kutsco, John. "Caesarea Philippi." *The Anchor Yale Bible Dictionary*. New York: Doubleday, 1992), 1:803.

Levenson, Jon D. *Resurrection and the Restoration of Israel: The Ultimate Victory of the God of Life*. New Haven, CT: Yale University Press, 2006.

Limburg, James. *Hosea-Micah. Interpretation*. Atlanta: WJK, 1998.

Luz, Ulrich. *Matthew 1-7*. CC. Minneapolis: Fortress, 1989.

Luz, Ulrich. *Matthew 21-28*. Hermeneia. Minneapolis: Fortress, 2005.

Meier, John P. "John the Baptist in Matthew's Gospel." *JBL* 99 (1980): 383-405.

Meier, John P. *The Vision of Matthew: Christ, Church, and Morality in the First Gospel*. New York, NY: Crossroad, 1979.

Morris, Leon. *The Gospel According to Matthew*. PNTC. Grand Rapids: Eerdmans, 1992.

Nolland, John. *Matthew*. NIGTC. Grand Rapids: Eerdmans, 2005.

Osborne, Grant R. "Testing God's Son: Deuteronomy and Luke 4:1-13." Pages 365-87 in *For Our Good Always: Studies on the Message and Influence of Deuteronomy in Honor of Daniel I. Block*. Edited by Jason S. DeRouchie, Jason Gile, and Kenneth J. Turner. Winona Lake, IN: Eisenbrauns, 2013.

Osborne, Grant R. *Matthew*. ZECNT. Grand Rapids: Zondervan, 2010. = 오스본, 그랜

트 R. 『강해로 푸는 마태복음』. 존더반신약주석. 서울: 디모데, 2015.

Pennington, Jonathan T. *Heaven and Earth in the Gospel of Matthew*. Grand Rapids, 2007.

Rappé, Donald. "The Demoniac Story: A Tale of Three Cities." Pages 156-61 in *Bible Today* (2014).

Reeves, Michael. "Why the Reformation Still Matters." Pages 7-11 in *Tabletalk Magazine*. Sanford, FL: Ligonier Ministries, October 2017.

Saunders, Daniel J. "Confession of Peter." *TS* 10 (1949): 522-40.

Schreiner, Thomas R. *New Testament Theology: Magnifying God in Christ*. Grand Rapids: Baker, 2008. = 슈라이너, 토마스 R. 『신약신학』. 서울: 부흥과개혁사, 2015.

Smith, Gary *Isaiah 40-66*. NAC 15B. Nashville: B&H, 2009. = 스미스, 게리. 『이사야 2』. 뉴아메리칸주석. 서울: 부흥과개혁사, 2019.

Stuart, Douglas. *Hosea-Jonah*. WBC 31. Dallas: Word, 2002. = 스튜어트, 더글라스. 『호세아-요나』. WBC성경주석시리즈. 서울: 솔로몬, 2011.

Turner, David L. *Matthew*. BECNT. Grand Rapids: Baker, 2008. = 터너, 데이비드. 『마태복음』. BECNT시리즈. 서울: 부흥과개혁사, 2014.

Wenham, John W. "When Were the Saints Raised?: A Note on the Punctuation of Matthew 27,51-3." *JTS* 32 (1981): 150-52.

강 대훈. 『마태복음 주석: 하늘에서처럼 땅에서도』 상, 하권. 서울: 부흥과개혁사, 2019.

김 창훈. "마태복음 27:53의 '예수의 부활 후에'에 나타난 내본문적 연구." 『신약논단』 25/1 (2018 봄): 1-36.

버지, 게리. 『일곱 문장으로 읽는 신약』. 서울: 한국기독학생회출판부, 2020.

송 병현. 『엑스포지멘터리 이사야 I 』. 서울: 국제제자훈련원, 2012.

우 병훈. "개혁신학에서의 구속언약." 『re』 25 (2015년 3월호): 7-10.

월리스, 대니얼. 『월리스 중급 헬라어 문법』. 서울: IVP, 2019.

채 영삼. 『마태복음의 이해: 긍휼의 목자 예수』. 서울: 이레서원, 2011.

페닝톤, 조나단 T. 『복음서 읽기: 복음서의 내러티브와 신학적 개론』. 서울: CLC, 2015.

하이저, 마이클. 『성경의 초자연적 세계관: 성경이 증거하는 보이지 않는 세계』. 서울: 좋은 씨앗, 2020.

헤이킨, 마이클. 『깊은 영성』. 서울: CLC, 2018.